r & b

Schutzhäftling Nr. 880 wird nach vierzehntägigen Prügelverhören durch die Gestapo im Berliner Columbia-Haus nach Oranienburg verschleppt, in eins der fünfzig im Jahre der Machtergreifung Hitlers errichteten KZs, deren Hauptzweck „die Ausschaltung jedes wirklichen oder vermuteten Gegners der nationalsozialistischen Herrschaft" (Eugen Kogon, Der SS-Staat) war. Die Geschichte des Schutzhäftlings Nr. 880 bezeugt, „was heute systematisch verschwiegen wird: daß die ersten Opfer der Konzentrationslager deutsche Sozialisten und Kommunisten waren" (Ernest Borneman).

Schutzhäftling Nr. 880 ist Karl Billinger, am 30. 8. 1902 geboren, Antifaschist. Er studierte in Frankfurt Wirtschafts- und Sozialwissenschaft, promovierte über „Die Agrarverhältnisse Frankreichs im 19. Jahrhundert und das Agrarprogramm der französischen sozialistischen Parteien", arbeitete von 1921 bis 1931 in Moskau am „Internationalen Agrarinstitut" und schloß sich nach seiner Rückkehr nach Berlin bis zu seiner Verhaftung dem antifaschistischen Widerstand an. Nach seiner Entlassung im Zuge einer Begnadigungsaktion ging er über Paris in die USA, wo er an einem College in Arkansas Volkswirtschaft unterrichtete, und 1935 zurück nach Frankreich. Dort erschien in deutscher Sprache – und im selben Jahr in englisch in New York – bei Willi Münzenbergs *Editions du Carrefour,* die auch Brecht, Becher, Seghers und Kisch verlegte, sein „Schutzhäftling Nr. 880": der autobiographische Bericht aus einem deutschen KZ. Ein Jahr, bevor die Welt Olympische Spiele in Berlin feierte, machte dieses Dokument bekannt, wie das Hitler-Regime mit Opponenten verfuhr. „Absondern, diffamieren, entwürdigen, zerbrechen und vernichten – das waren die Formen, in denen der Terror in Wirksamkeit trat. Je drastischer, um so besser, und je gründlicher, um so nachhaltiger" (Kogon).

Kommunisten, Sozialdemokraten, Pazifisten: die Zerstrittenheit der Linken in der Weimarer Republik spielten die Schergen der Faschisten auch wirksam gegen die Solidarität im Lagerleben aus. Keiner sollte keinem trauen. Billinger: „In Feindseligkeit und Haß litten sie in einer Zelle, beide Arbeiter, beide Opfer der faschistischen Henker . . . Draußen feierte das Neue Deutschland ein Fest nach dem anderen."

1937, erschüttert von den Moskauer Prozessen, die alle Stalin-Kritiker als Verräter liquidierten, bricht Billinger mit der Kommunistischen Partei, geht wieder in die USA, veröffentlicht die politische Analyse „Hitler is no fool".

Dreiundvierzig Jahre nach Erscheinen des „Schutzhäftling Nr. 880" werden in der BRD 140 rechtsextremistische Vereinigungen, Verlage und Vertriebsdienste mit 18 300 Mitgliedern gezählt, trifft sich zum . . . Male die Waffen-SS.

Deshalb legen wir dieses Buch wieder vor: als Beispiel jener politischen Botschaften deutscher „Exil-Literatur", die damals „zerstört werden mußte, sobald sie ihren Adressaten erreicht hatte" (Borneman); als Mahnmal der politisch Verfolgten, Häftlinge der Terror-Regime, Opfer von Diktaturen, die es immer gibt.

Karl Billinger
Schutzhäftling Nr. 880

Aus einem
deutschen Konzentrationslager
Roman

Rogner & Bernhard

Holzschnitt auf dem Umschlag:
Christian Rohlfs „Der Gefangene",
mit freundlicher Genehmigung von Helene Rohlfs

Reprint nach der 1935 bei Editions du Carrefour,
Paris, erschienenen Ausgabe

Druck: Aumüller Druck KG Regensburg
Printed in Germany
ISBN 3 8077 0082 X

INHALT

Einband von John Heartfield
für die deutsche Erstausgabe 1935

DEN KAMERADEN IN DEN DEUTSCHEN
KONZENTRATIONSLAGERN

I.

COLUMBIA.

Meine Lage wurde unhaltbar. Seit einer Woche bemerkte ich Anzeichen, dass die Strasse unter polizeilicher Beobachtung stand. Ein stämmiger Mann, dem man auf zwanzig Schritt den Geheimpolizisten ansah, tauchte mehrmals auf. Eines Morgens sah ich ihn aus der Wohnung des Verwalters kommen, ein anderes Mal stand er im Gespräch mit dem Portier des Nachbar-Hauses.

Ich beschloss die Wohnung zu verlassen, sowie ich dem Verbindungsmann zur Unterbezirks - Leitung eine neue Adresse angeben konnte. Inzwischen verdoppelte ich meine Vorsicht.

Am 17. Juli, morgens fünf Uhr, läutete die Türglocke. Ich stand leise auf und verbrannte die im Zimmerofen bereit liegenden Dokumente. Man klopfte an die Tür: „Aufmachen!"

Ich rührte mich nicht. Das Klopfen wurde stärker.

„Aufmachen, Polizei!"

Ich wartete, bis die Flamme abgebrannt und die Glut erloschen war.

Dann öffnete ich meine Zimmertür und rief verschlafen: „Was ist los?"

„Oeffnen Sie! Geheime Staats-Polizei!"

Ich schaute mich noch einmal in der Wohnung um. Alles in Ordnung. Ich ging zur Flurtür und schloss auf. Draussen stand ein einzelner Bulle:

„Herr Billinger?"

„Ja!"

„Könnte ich Sie einen Augenblick sprechen?"

„Bitte". Er trat in den Gang, drehte sich um, ein zweiter Mann tauchte auf, der sich im Treppenhaus verborgen gehalten hatte.

Hundertmal hatte ich mir die Szene meiner Verhaftung vorgestellt, und mich gefragt, wie ich sie bestehen würde. Es war ganz einfach. Einen Augenblick nur zuckte es mir vor den Augen, alles sei gar nicht wahr und wirklich.

„Sie sind früher wohnhaft gewesen in der Wallstrasse?"

„Ja."

„Haben zuletzt als Angestellter bei der Firma Grün gearbeitet?"

„Ja."

„Dann stimmt es. Geben Sie uns bitte alles Material heraus, das mit Ihrer illegalen Parteiarbeit zusammenhängt."

Ich machte ein erstauntes Gesicht:

„Wie, bitte?"

„Machen Sie uns keine Schwierigkeiten. Wir wissen Bescheid. Sie haben in der KP illegal weitergearbeitet und sind im Besitz bestimmter Materialien."

„Ich weiss von keiner illegalen Arbeit und habe keinerlei verbotenes Material. Ueberzeugen Sie sich selbst."

Die Bullen durchsuchten zwei Stunden lang die Wohnung, durchschnüffelten die Bibliothek, schraubten die Klosettbrille ab, siebten die Asche des Küchenherdes, leerten den

Abfalleimer aus und liessen eine Tüte Salz in einen Topf laufen. Der eine besah sich sogar im Küchenschrank eine als Milchrechnung chiffrierte Liste von Kursusteilnehmern. Ich verfolgte die ganze Prozedur unbeteiligt, als hätte ich nichts damit zu tun.

Nach fruchtloser Haussuchung forderten sie mich auf, mitzukommen, ohne mir zu sagen, wohin. Sie nahmen mich in die Mitte, jeder eine Hand in der Rocktasche, und brachten micht zur Untergrund. Unser Wagen war dicht besetzt. Kleine Geschäftsleute, Arbeiter, SA in Uniform. Keiner merkte, dass ich als Verhafteter zwischen zwei Kriminalbeamten sass. Ich überlegte, ob ich fliehen sollte. Da die U-Bahn gedrängt voll war, hätten die Polizisten nicht schiessen können. Aber sie hatten zu viele freiwillige Helfer. Und was mir bevorstand, wenn sie mich wieder fassten, wusste ich.

Am Potzdamer Platz stiegen wir aus. Also „Gestapo", Prinz Albrechtstrasse 18. In der Nähe des Geheimen Staatspolizei-Amtes wimmelte es von Kriminalbeamten, SS-Leuten, Polizei. Die Krimmis, in Zivil, waren bedacht äusserlich durch nichts erkannt zu werden. Sie trugen nicht einmal ein Hakenkreuz am Rockaufschlag, und wenn sie sich auf der Strasse grüssten, so geschah es durch ein kaum merkliches Heben der herabhängenden Hand.

Vor dem Gebäude stand ein SS-Doppelposten, im Gebäude war auf jedem Flur eine SS-Wache aufgestellt. Die Bullen führten mich die breiten Treppen hinauf, höher und höher, bis wir unter dem Dach waren. Hier stiessen sie mich in eine Ecke und befahlen mir zu warten.

Ich benutzte die Zeit, um mir noch einmal eine feste Taktik einzuprägen. Ich überlegte mir, welche Fragen kommen konnten, was ich darauf antworten wollte, was ich sagen durfte, ohne die Genossen zu gefährden oder die Partei zu schädigen. In meiner Uhr lag noch die Adresse einer Sympathisierenden, mit der ich am Abend vorher ge-

sprochen hatte; ich zerriss sie und verschluckte die Teile.
Soweit war alles geregelt. Nur der Gedanke an die Liste
von 180 Kampfbund-Genossen in meiner Wohnung lag mir
schwer auf dem Herzen.

Nach einer halben Stunde kam einer der Bullen mit einer
Schreibmaschine zurück, telefonierte mehrmals vergeblich
um eine Stenotypistin und setzte sich schliesslich selbst
vor die Maschine.
,,Ich ermahne Sie noch einmal, die volle Wahrheit zu sa-
gen. Wir haben Sie vier Monate lang beobachtet. Hier
sind Ihre Akten.''
Er zeigte auf ein dickes Dossier, das vor ihm lag.
,,Sie sind Kommunist?''
,,Ich war Mitglied der KPD.''
,,Seit wann?''
,,Seit 1923.''
Er tippte mit einem Zeigefinger mühselig Buchstaben um
Buchstaben.
,,Sie leugnen also, der illegalen KPD noch anzugehören?''
,,Jawohl.''
,,Welche Funktionen hatten Sie in der Partei?''
,,Keine besonderen. Ich habe mich ausschliesslich mit
theoretischen Fragen beschäftigt und wurde für praktische
Arbeit nicht verwendet!''
,,Haben Sie in Versammlungen gesprochen?''
Ich erinnerte mich an zwei Versammlungen, bei der die
Polizei meinen Namen festgestellt hatte.
,,Zweimal in einer Diskussion.''
,,Sie waren in Russland?''
,,Ja.'' (mein Pass hatte das Sowjetvisum.)
,,Was haben Sie dort gemacht?''
,,Ich arbeitete als Ingenieur im Leningrader Elektrizitäts-
werk.''

12

„Sie haben ausserdem in der russischen Kriegsindustrie gearbeitet!"

„Nein!"

„Sie haben bei der Zwangskollektivierung der deutschen Bauern an der Wolga eine Rolle gespielt!"

„Nein! Ich war nie an der Wolga."

„Sie sind mit einem bulgarischen Studenten befreundet, dessen Beziehungen zu den drei bulgarischen Brandstiftern einwandfrei festgestellt sind!"

„Ich kenne keine bulgarischen Studenten."

Der Zeigefinger tippte.

„Leeren Sie Ihre Taschen aus!"

Ich tat es. Er schnüffelte die Brieftasche durch und las ein paar Briefe meiner Mutter, die ich bei mir trug.

„Aha, Sie hatten also die Absicht wieder nach Russland zu gehen!"

„Nein!"

„Bitte", triumphierend zeigte er mir einen Brief, in dem meine Mutter mich bat, doch noch zu ihr zu kommen, bevor ich wieder nach Russland fahre. Der Brief war vom Jahr 1931 und trug zu meinem Glück genaues Datum. Aergerlich legte der Bulle ihn beiseite.

„In welcher Zelle haben Sie gearbeitet?"

„Ich war der früheren Zelle Nr. 2026 zugeteilt."

„Wer war der Pol.-Leiter?"

„Ein gewisser Rudolf."

„Sie weigern sich also uns seinen Familiennamen anzugeben?"

„Ich weiss ihn nicht. Die Funktionäre unserer Zelle wurden im Januar alle gewechselt, und die Partei ordnete an, die Genossen nur noch mit dem Vornamen zu nennen."

„Wo befindet er sich jetzt?"

„Ich habe ihn im Januar zum letzten Mal gesehen. Seine Wohnung ist mir unbekannt."

Er sah mich höhnisch an.

13

„Ihr Gedächtnis wird sich bei uns sicher noch wesentlich bessern. Kommen Sie mit!"
Er brachte mich über Gänge und Treppen zu einer Tür, an der ein Schild klebte:

„SS-Wache."

Mit den Worten: „Sie werden hier warten!" stiess er mich hinein.
Ich stand in einem grossen saalähnlichen Raum. Der Tür gegenüber sassen SS-Männer an einem Tisch, spielten Karten und tranken Bier. Revolver und Gummiknüppel lagen vor ihnen auf dem Tisch. Sie nahmen keine Notiz von mir. An der linken Wand standen Pritschen mit Strohsäcken, auf denen SS-Männer schliefen.
Als ich den Blick nach rechts wendete, schlug mir das Herz bis zum Hals. Den Rücken zum Saal, das Gesicht zur Wand standen dort etwa dreissig Verhaftete.
Ein SS-Mann, nicht älter als zwanzig Jahre, ging hinter ihnen auf und ab.
„Kannst Du nicht stillstehen, Du Arschloch, wenn Stillgestanden kommandiert ist!" brüllte er einen alten Mann an und trat ihm mit voller Kraft in den Rücken. Der Alte flog mit dem Kopf an die Wand und brach zusammen. Sofort packte ihn der SS-Mann im Genick, zog ihn auf und schlug ihm die Faust ins Gesicht.
„Für die Kommune warst Du nicht zu alt, was, Du Hund!"
Der Alte erwiderte kein Wort; die anderen standen versteinert.
„Was stehst Du denn dort, Du Mondkalb!" schrie er mich plötzlich an.
„Hierher, und rühr' Dich nicht!"
Hinter uns im Saal hörte man die kartenspielende SS-Wache auf den Tisch schlagen, Kuriere kamen, Wachen wurden abgelöst und warfen sich auf die Pritschen. Das Telefon läutete unaufhörlich. Jeder Anruf wurde mit „Heil

14

Hitler" begonnen und beendet. Unaufhörlich kamen auch neue Verhaftete. Die meisten betraten die Wache ohne Gruss, einige nahmen militärische Haltung an, warfen den Arm hoch und versuchten ihr Glück mit einem „Heil Hitler". Niemand antwortete ihnen.

Der zweite Mann rechts von mir fing leise an zu röcheln. Ohne den Kopf zu bewegen, versuchte ich ihn zu sehen. Es war ein stämmiger Bursche, vielleicht 25 Jahre alt, der Kleidung nach ein Arbeiter. Sein Gesicht war fahl-grün. Nach ein paar Minuten begann er zu taumeln und sank plötzlich in sich zusammen. Unsere Wache stand gerade im Gespräch mit den Kartenspielern und hatte den Vorgang nicht beachtet. In diesem Moment betrat ein anderer SS-Mann den Raum und sah den am Boden Liegenden.

„Du Sau denkst wohl, Du kannst Dich hier ausschlafen, was?"

Er stürzte auf sein Opfer zu, riss ihn in Armhöhe hoch und gab ihm einen fürchterlichen Schlag ins Gesicht. Dem Arbeiter sprang das Blut aus Mund und Nase. Vom Kartentisch her kam der Erste:

„Du bist wohl besoffen, Du Strolch!"

Gemeinsam traten sie dem stöhnenden Mann in den Leib, in den Rücken, ins Gesicht, wohin sie trafen.

Der Arbeiter richtete sich auf und versuchte gerade zu stehen. Sein Kopf sank ihm vornüber, die Beine vermochten ihn nicht zu tragen. Um nicht wieder zusammenzubrechen, krallte er sich mit den Fingernägeln in den Kalk der Wand. Man hörte die Nägel knirschen und abbrechen, er schlug wie ein Sack zu Boden.

Einer der Kartenspieler stand auf und flüsterte den beiden, die sich von neuem auf ihn werfen wollten, etwas zu. Ich verstand die Worte: „Heute morgen geholt -- schwere Abreibung."

Darauf liessen sie ihn liegen.

Gegen Mittag hörte man draussen auf den Gängen lautes Sprechen, Rufen, Hin- und Herlaufen. Die Tür wurde aufgerissen und mehrere SS-Leute stürmten mit lautem Geschrei herein.

„Das ist der Strolch, der den Beifahrer gemacht hat."

Aus den allgemeinen Fragen und Antworten konnten wir entnehmen, dass ein Lastwagen mit illegaler Literatur von der Geheimen geschnappt worden war.

„Verdammt noch einmal, den kenn ich doch? Du warst doch schon mal hier bei uns?"

„Jawohl", sagte eine Jungenstimme.

„Weswegen warst Du das erste Mal verhaftet?"

„Ich soll Flugblätter verteilt haben."

„Und diesmal?"

„Ich stand an der Ecke Müller- und Seestrasse, da hat ein Chauffeur mir drei Mark angeboten, wenn ich eine Fuhre mit ihm fahre."

„Erzähl' keine Märchen; Du wusstest doch ganz genau, was in den Kisten war!"

„Nein, er hat mir nichts gesagt. Ich hab' auch nichts weiter gefragt und war froh, das Geld zu verdienen."

„Menschenskind", sagte ein älterer SS-Mann, „warum hast Du das gemacht. Jetzt werden sie Dir doch auch Deine früheren Aussagen nicht glauben. Jetzt bist Du ein- für allemal erledigt."

In der Stimme des Jungen war kein Zittern zu hören, als er erwiderte: „Ich bin seit meiner Schulzeit arbeitslos. In's Dienstlager haben sie mich nicht genommen, weil ich Kommunist war. Was soll ich machen?"

Statt einer Antwort schlug ihn einer der herumstehenden SS-Leute mit einem Schlag zu Boden. Der ältere von vorhin, dem der Junge offenbar leid tat, sagte ruhig:

„Max, vergreif Dich nicht."

Exemplare der beschlagnahmten Flugblätter gingen von Hand zu Hand. Einer las laut vor:

„Selbstschutz ist Luftschutz!
Ein ernstes Wort an alle Berliner
von
Dr. Joseph Goebbels."
„Solche Strolche, blättre nur einmal um", sagte ein anderer. Der erste las stockend: „Die viehische Ermordung von Reichsbannerkameraden und RFB-Genossen in Nowawes durch Hitlers braune Mordbanden!"
Ein dokumentarischer Bericht
herausgegeben von der
Bezirksleitung Berlin-Brandenburg
der KPD."
Mit verdoppelter Wut schlugen sie jetzt auf den Jungen ein, der keinen Laut von sich gab.

So standen wir bis abends 7 Uhr, manche seit 4 Uhr nachts, ununterbrochen in „strammer Haltung", Knie durchgedrückt, Hacken zusammen, den Blick stier auf die weisse Kalkwand gerichtet. Um nicht schwindlig zu werden, suchte ich mir einen kleinen schwarzen Punkt aus, an dem sich meine Augen festhalten konnten. Ohne sehen zu können, was hinter uns vorging, erlebten wir so die ersten Erziehungsmassnahmen des Dritten Reiches.

Um sieben Uhr schnarrte einer der Peiniger:
„Ganze Abteilung — kehrt! Rechts — um! Im Gleichschritt — marsch!"

Es ging durch einen langen Flur hinaus in einen Innenhof, wo mehrere Polizeilastwagen für uns bereit standen. Im Laufschritt mussten wir hinein, die „grüne Minna" wurde zugeschlagen und los rumpelten die Wagen. An einer Seite war ein vergittertes Fensterchen, durch das ein dünner Lichtstrahl fiel. Ich versuchte an den vorbeisausenden Strassenschildern festzustellen, wohin sie uns brachten. Als der Wagen durch den Verkehr einen Augenblick aufgehalten wurde, konnte ich mich orientieren. Wir waren am Halleschen Tor mit der Fahrtrichtung nach Süden.

Demnach stand uns „General-Pape-Strasse" oder „Columbia-Haus" bevor. Nach einer etwa halbstündigen Fahrt stoppte die Kolonne, gerade vor unserem Fensterchen stand ein Strassenschild:

C o l u m b i a s t r a s s e.

Wir befanden uns am Tempelhofer Flugfeld, vor der berüchtigten ehemaligen Militärstrafanstalt, die von der SS zu einem ihrer Folterhäuser gemacht worden war. Die Tür unseres Wagens wurde aufgerissen: „Heraus!"

Sie trieben uns mit Schlägen und Fusstritten in den Flur des 1. Stockes, wo wir uns der Grösse nach aufstellen mussten. Einer nach dem anderen wurde in ein Zimmer geführt, dessen Tür sofort hinter ihm geschlossen wurde.

Während wir draussen warteten, vergnügte sich die SS damit, uns auszumalen, was uns bevorstand.

„Der Nächste"! Zwei Mann stiessen mich vorwärts in das Zimmer.

An einem Tisch sass ein SS-Mann, andere standen um ihn herum.

Zuerst nahm er meine Personalien auf. Dann musste ich alles, was ich bei mir trug, ablegen: Hut, Mantel, Uhr, Taschentücher, Füllfeder, Taschenmesser, Gürtel, Schuhbänder. Die Sachen wurden auf vorgedruckten Listen notiert und in einen Papierbeutel gesteckt. Im Stillen hoffte ich schon, diese Klippe überstanden zu haben, da sah ich, wie der am Tisch in Papieren blätterte.

„So, Du kannst Dich an den Namen Deines Polleiters nicht erinnern", sagte er freundlich. Und unvermittelt wie ein Stier brüllend: „Du willst uns wohl für dumm verkaufen, Du Arschloch! Wer war es?"

Ich fühlte, wie alle körperliche Angst von mir wich. Nur mein Gehirn arbeitete und registrierte die auf mich hereinprasselnden Schläge. Dann hoben sie mich vom Boden auf.

Behaglich sagte der am Tisch:

„Morgen sprechen wir uns wieder. Du wirst uns ja noch alles sagen, mein Lieber." Und wieder wie ein Stier brüllend:

„Raus! Du Strolch!"

Ich flog hinaus. „Der Nächste!"

Bis alle Verhafteten dieses Tages abgefertigt waren, hatten wir auf einem anderen Flur zu warten. Die hin- und hergehende Wache unterhielt sich laut miteinander.

„Lebt der Hund von 62 noch?" fragte der eine.

„Sie haben ihn gerade ins Staatskrankenhaus gebracht!"

„Und Barrikaden-August?"

„An Tripper erkrankt! Kriegt dauernd Spritzen."

„Was machst Du heute nach Dienst?"

„Die Kleine kommt mich abholen. Ich habe scharf geladen, war drei Tage nicht aus!"

Im Vorbeigehen blieb der eine Posten vor einem Häftling stehen:

„Warum bist Du hier?"

„Ich weiss es nicht."

„Jude?"

„Ja."

„Und da weisst Du nicht weshalb Du hier bist, Du assyrischer Wüstensohn? Dich werde ich heut' abend extra besuchen!"

Es war spät in der Nacht, als wir in die Zellen gebracht wurden. Die SS benutzte die Gelegenheit wieder, uns zu prügeln. Die hinter uns gehenden traten mit den schweren Stiefeln, so dass wir vorwärts drängten. Die vor uns gehenden schlugen uns mit der Faust und mit Lederpeitschen ins Gesicht.

In einem langen, unbelegten Flügel öffnete der Schliesser eine Zelle nach der anderen.

„Nr. 876!" — „hier". Die Tür schlug zu.

„Nr. 877!" — „hier".

„Nr. 878!" —

„Nr. 879!" —
„Nr. 880!" —
Schon in meiner Zelle hörte ich noch Nummern über 900
aufrufen. Dann wurde es still. Auf dem Gang klang in
unregelmässigen Zwischenräumen der Schritt der Wache.

Ich tastete mich in der Dunkelheit weiter. Vier Schritte
von der Tür bis zur hinteren Wand, zweieinhalb Schritte
quer. In der rechten Ecke stand ein Holzschemel, der einzige Gegenstand, den ich entdecken konnte. Durch das
vergitterte Fenster hoch oben war ein blasses Stückchen
Nachthimmel zu sehen. Obwohl ich den ganzen Tag nichts
gegessen hatte, fühlte ich keinen Hunger und keine Er-
müdung. Alle Kräfte des Körpers schienen sich im Kopf
gesammelt zu haben, und die Gedanken liefen unaufhörlich
hin und her.
Wie würde Käthe meine Verhaftung erfahren? Wie wird
sie die Nachricht aufnehmen? Ob sie sich ruhig und tapfer
hält und keine Dummheiten macht in ihrer spontanen Art?
Wenn nur die Liste nicht gefunden wird! Niemand weiss,
wo sie ist. Aber vielleicht schlagen sie die Möbel in
Stücke und finden sie. -- Sicher werden sie wieder in die
Wohnung zurückgehen und noch einmal alles auf den Kopf
stellen. -- Ich könnte es nicht ertragen und würde mich
umbringen.
Ich klammerte mich an die Vorstellung, als könnte mein
Tod meine Nachlässigkeit wieder gut machen.
Auf dem Flur waren Schritte zu hören:
„Wo ist er?"
„Zelle 128."
Sie gingen an meiner Tür vorbei. Weiter unten wurde eine
Zelle geöffnet und wieder geschlossen.
Ein entsetzlicher Schrei kam vom unteren Gang, dann ein
langgezogenes Gurgeln, immer und immer wieder. --

Sie würgten einen Genossen, um ihn am Schreien zu verhindern. Nach einer Weile öffnete der Schliesser, und ich hörte sie brüllen:

„Herunter in den Keller."

Ein Poltern auf der Treppe -- dann wieder Stille, bis von unten das Wimmern des Gefolterten heraufkam. Ich hatte nie Männer schreien und weinen gehört. Es war entsetzlich.

Ich presste die Finger in die Ohren, um nichts mehr zu hören.

Morgens um sechs Uhr mussten wir mit entblösstem Oberkörper im Gang der Grösse nach antreten:

„Rechts schwenkt -- Marsch!"

Vor der Treppe trafen wir mit Häftlingen von anderen Flügeln zusammen.

„Auf der Stelle treten!"

In dem Lärm der stampfenden Füsse hörte ich meinen Nebenmann flüstern:

„Wie lang hier?"

„Seit gestern!"

„Wie sieht's draussen aus?"

„Alles ruhig."

„Partei?"

„Ja, und Du?"

„Klar."

„Seit wann hier?"

„Neunte Woche."

In dem schmalen Treppenhaus wurden wir getrennt. Mein linker Nebenmann war gestern mit mir eingeliefert worden. Er beugte gerade seinen Kopf zur Seite, um mir etwas zuzuflüstern, als ein SS-Mann, der über uns auf der Treppe stand und uns ungesehen beobachten konnte, mit einer langen Artilleriepeitsche zuschlug.

„Ich sehe noch einmal, dass ihr zusammen quatscht, ihr Ganoven, dann seid ihr reif für den Keller."

Der Hieb war quer über das Gesicht des Kumpels gegangen. In dem engen Quadrat des Hofes war in einer Ecke eine Grube ausgehoben, darüber ein Balken gelegt: die Latrine. Immer zehn Mann verrichteten eng nebeneinander sitzend, ihr Bedürfnis. Die Wartenden standen in Reih und Glied davor. Ich benutzte die kostbare Gelegenheit, um nach bekannten Gesichtern zu suchen. Gleich in der ersten Reihe stand Ernst! Er war bleich wie der Tod. Lange Bartstoppeln verunstalteten sein feines Gesicht. Unsere Augen zuckten nicht, als wir uns grüssten.

Seit drei Wochen suchten seine Angehörigen nach ihm, ohne zu wissen, wo er sich befand, ob er noch lebte, was mit ihm geschehen war. Er war Assistent in einem wissenschaftlichen Laboratorium, und ich wusste, dass er bei der Herstellung einer Zeitung hochgegangen war. Jude — Intellektueller — Kommunist — bei illegaler Arbeit verhaftet! Sein Gesicht schien nur noch aus den Augen zu bestehen, Augen mit dem Ernst und der Trauer eines Weisen. —

„Aufstehen!" Beim Zuknöpfen der Hose räusperte sich hinter mir ein Häftling. Ich wandte mich um, als ordne ich meine Kleidung und sah in das Jungengesicht von Hans. Er kniff das linke Auge zu, wie immer, und konnte es nicht unterlassen, durch die Zähne zu murmeln: „Schöne Scheisse, was!"

Sofort verlor ich das Gefühl der Verlassenheit. Hans war da, mit dem ich jahrelang in der Bewegung gearbeitet hatte, der geriebenste und unerschroc'enste Antifa-Kämpfer meines Unterbezirks. Ich fühlte neue Hoffnung in mir aufkommen.

Von der Latrine ging's zum „Bärentanz".

„Rechts in Reihen gesetzt, marsch. Dauerlauf, marsch — marsch!"

Einer hinter dem anderen liefen wir rund um den engen Hof, immer rund, immer rund.

Im Laufen suchte ich weiter nach bekannten Gesichtern, aber ohne Erfolg. Zwei ältere Häftlinge traten aus der Reihe, sie konnten nicht mehr. Sofort war der diensttuende Scharführer da:

„Vorwärts, marsch, marsch!"

Die beiden liefen weiter. Nach einer Runde brach einer zusammen. Der Scharführer prügelte ihn hoch:

„Kniebeuge. Tiefer, noch tiefer, etwas höher. So ist's richtig! Hände nach vorn!"

Er legte dem vor Müdigkeit zitternden Mann noch ein Holzscheit auf die wagerecht ausgestreckten Arme.

„Siehst Du, das lernst Du bei uns alles gratis. Nie zu spät, ein guter Deutscher zu werden!"

„Ich kann nicht mehr, ich hab' einen Lungenschuss", sagte der Mann.

„Ach was, Lungenschuss! Bei der Kommune hat der Dich auch nicht gestört, Du altes Schwein!"

Nach dem Dauerlauf mussten wir uns an einer Pumpe waschen — ohne Seife und Handtücher. Die Neu-Eingelieferten bekamen ihr „Bolle-Hemd", so genannt wegen seiner Aehnlichkeit mit den Uniformen der Angestellten der Berliner Milchfirma Bolle. Die SS hatte diese Hemden bei den aufgelösten Verbänden der deutschnationalen Partei beschlagnahmt und benutzte sie jetzt als Gefängniskleidung, um den deutschnationalen „Bolle-Jungen" ihre Verachtung auszudrücken.

Um 7 Uhr gab es „Kaffee", eine braune Brühe, dazu eine fünf Zentimeter dicke, mit Schmalz bekratzte Brotschnitte. Da in der Zelle kein Becher war, bekam ich keinen Kaffee. Ich würgte die Stulle hinunter und machte mich daran, meine Zelle näher zu untersuchen. Der Kalk an den Wänden war überall von Zählstrichen zerkratzt. Die meisten waren mit dem Fingernagel geritzt, einige Gruppen so sorgfältig und gleichmässig gezogen, wie die Kolonnen eines Hauptbuches.

Am häufigsten waren einfache Wochenkalender:
Sechs Kerben, von einer siebenten durchstrichen. Ich zählte
14 Wochen, 18 Wochen, einmal 42 Wochen, einmal 9.
Daneben gab es noch ein verbessertes Zählsystem. Da
dem Häftling der Wochentag der Einlieferung bekannt ist,
zählt er die erste Woche bis zum Sonntag aus und setzt
die nächste Woche Tag für Tag darunter:

```
      ///
   ///////
   ///////
   ///////
   ///////
    ////
```

Diese Tabelle beispielsweise hiess, dass der Häftling Frei-
tags eingeliefert worden war und am Donnerstag der
sechsten Woche die Zelle verlassen hatte.
Rechts oben an der Wand stand lakonisch: „3 1/2 Jahre",
in der linken Ecke an der Tür mit unbeholfenen Schrift-
zügen: Rot Front Lebt!
Ich suchte mir eine kleine unversehrte Fläche in der Kalkwand aus und ritzte die erste Kerbe ein. Es war ein Sonnabend.
Ein leises Geräusch an meiner Zellentür warnte mich, dass
ich vom Flur aus beobachtet wurde. Ich ging langsam zum
Schemel. Der eiserne Deckel über dem Guckloch, der vor-
her vorsichtig aufgezogen worden war, rasselte jetzt laut
herunter. Die Tür wurde geöffnet, und ein SS-Mann von
der Wache trat herein. Ich stand auf und sah ihn an.
„Warum meldest Du nicht?"
Ich verstand den Sinn seiner Frage nicht und blieb stumm.
Sein Gesicht lief rot an vor Wut.
„Dir haben sie wohl ins Gehirn geschissen! Kennst Du die
Hausordnung nicht?"
„Nein."
„Heraus! Dauerlauf! Marsch, marsch!"

Ich lief den Flur hinunter. Am Ende des Ganges sass der Schliesser auf dem Fensterbrett.

Ich stoppte und wartete auf einen neuen Befehl. Der Schliesser holte aus und schlug mir den schweren Schlüsselbund ins Gesicht:

„Zurück, marsch, marsch!"

So lief ich zwischen Wache und Schliesser auf und ab, jeder empfing mich mit einem Faustschlag und trat mir beim Umdrehen mit dem Stiefel in den Rücken.

„Kennst Du jetzt die Hausordnung?"

Was sollte ich antworten? Sagte ich nein, so prügelten sie; sagte ich ja, so prügelten sie noch mehr, wenn ich etwas falsch machte.

„Ich bin erst seit gestern hier."

Daraufhin liess sich der wachthabende SS-Mann herab, mir zu erklären, dass ich beim Oeffnen der Zelle sofort in militärischer Haltung an der hinteren Zellenwand, Namen und Nummer und den Grund meiner Verhaftung zu melden hätte.

„Verstanden?"

„Ja!"

„Das heisst „Jawohl", Du Arschloch! Wie?"

„Jawohl!"

Sie gingen zum nächsten Gefangenen.

Meine Zelle lag nach Süden, und von etwa 10 Uhr morgens spielte ein schmaler Sonnenstrahl an ihren Wänden. Es war ein schöner Sommer.

Vom Tempelhofer Feld hörte ich Flugzeuge starten und ankommen. Manchmal gelang es mir, in dem engen Ausschnitt des vergitterten Fensterchens eine vorüberfliegende Maschine zu sehen.

Vom Hof herauf klangen die Rufe der SS. Wagen fuhren herein. Befehle, Hin und Her, ein Telefon läutete.

Ich fühlte allmählich wie müde ich war, rückte mir den Schemel in die Sonne und schlief vor Erschöpfung ein. Ein

Kratzen der eisernen Klappe am Guckloch schreckte mich auf. Im selben Augenblick wurde auch schon meine Tür aufgerissen:
Ich meldete:
„Billinger — Nr. 880 — Kommunist."
„Weisst Du Scheisskerl nicht, dass Du tagsüber nicht zu schlafen hast!" brüllte ein neuer Wachtposten, der gerade abgelöst hatte.
„Kniebeuge!"
Ich ging in Kniebeuge. Der Hund wusste auf den Millimeter genau, wann die Beine und Fusspitzen am schärfsten angespannt sind. In dieser Stellung liess er mich warten, ging hinaus und schlug die Tür zu. Glücklicherweise konnte ich das Guckloch beobachten. Wenn es bedeckt war, setzte ich mich auf die Hacken. Sowie ich ein verdächtiges Geräusch an der Tür hörte, richtete ich mich auf. So liess er mich wohl eine halbe Stunde warten. Dann kam er wieder herein.
„Warum bist Du hier, Du Strolch?"
„Ich war Mitglied der KPD."
„Wie lange?"
„Bis zur nationalen Revolution."
„Das wagst Du noch zu sagen", brüllte er und schlug mich mit einem Kinnhaken zu Boden.

Mittags gab es eine Kartoffelbrühe aus der Feldküche, die im Hof aufgestellt war. Wir wurden wieder hinuntergeführt. Beim Vorbeimarschieren sah ich an den verschlossenen Zellen Kreideaufschriften. Auf mehreren stand: „Achtung!" Auf vielen Türen klebte das Rote Kreuz mit dem Zusatz: „Tripper". Auf der Eckzelle eines Flures las ich:
„Licht brennt ganze Nacht. — Wird alle zehn Minuten kontrolliert. — Darf nicht liegen."

26

Am Nachmittag hörte ich die Wache unseres Flures:
„Sänger! Fahnen raus!"
Eine Anzahl Zellen wurde aufgeschlossen und nach weni-
gen Minuten klang unten vom Hof ein vielstimmiger Chor.
„Aennchen von Tharau, ist's die mir gefällt." „Es ritten
drei Reiter zum Tore hinaus." „Wenn Du noch eine Mutter
hast."
Gegen 7 Uhr abends hörte ich, wie Zellen auf meinem Flur
geöffnet und wieder geschlossen wurden, aber sie gingen
an meiner Tür vorbei. Eine halbe Stunde später rief die
Wache:
„Scheisser! Fahnen raus!"
Wieder wurden Zellen geöffnet, und ich hörte, wie eine
Gruppe zum Hof hinunter gelassen wurde. Als sie zurück
waren, kam das zweite Kommando:
„Pisser! Fahnen raus!"
Der Vorgang wiederholte sich.
So ging der erste Tag langsam zu Ende, und langsam er-
fasste ich, dass es der erste Tag gewesen war.

Um 8 Uhr erlosch das Licht. Ich legte mir meinen Rock
unter den Kopf und versuchte zu schlafen, schreckte aber
immer wieder auf. Ich wusste nicht, wie lange ich so ge-
legen hatte, als ich hörte, wie am Ende meines Flures eine
Zellentür geöffnet wurde. Stimme der Wachtposten. Darauf
Gebrüll, Schläge, Schreie. Bumm, die Tür flog zu und die
nächste wurde aufgerissen. Näher und näher kamen sie.
In steigender Angst zählte ich siebzehnmal die Szene, dann
war ich dran.
„Billinger — Nr. 880 — Kommunist."
„Warum bist Du hier?"
„Ich war Mitglied der KPD."
„Wie lange?"
„Bis zur nationalen Regierung."

„Das willst Du uns erzählen? Du hast doch illegal gearbeitet!"

„Nein."

„Du Hund lügst!"

Sie schlugen mich über den Kopf, bis ich umfiel. Dann
brachten sie mich durch Fusstritte wieder zur Besinnung
und schlugen mich auf's Neue nieder. Ich lernte später,
dass diese Inspektionen zum Arbeitssystem des Unter-
suchungsrichters gehören, das darauf abgestellt ist, die
Moral der Gefangenen gleich zu Beginn der Schutzhaft
unter allen Umständen zu brechen. Die Inspektionen wiederholten sich regelmässig beim Wechseln der Wache.

Als ich in der Nacht um eine Decke oder einen Strohsack
bat, geriet der SS-Mann, ein Bursche von höchstens zwei-
undzwanzig Jahren, in einen Tobsuchtsanfall.

„Soll ich Dir auch noch den Arsch abwischen, wenn Du
scheisst, Du Kommunistensau?"

Zur Strafe für meine Unverschämtheit, ihn angesprochen
zu haben, musste ich Hose, Schuhe und Strümpfe ausziehen. Der Zementboden meiner Zelle war so kalt, dass
an Schlafen nicht mehr zu denken war.

Am Nachmittag des vierten Tages wurde ich vor den Untersuchungsrichter geführt. Sein Büro lag im dritten Stock.
Während ich die Treppe hinaufging, trat mir der Posten in
den Rücken.

„Bisschen dalli, junger Mann. Wir haben nicht lange
Zeit."

Der Untersuchungsrichter, ein SS-Offizier, musste im Zi-
vilberuf Metzger, Handlungsreisender oder Assessor sein.
Zielbewusst und ohne jüdische Spitzfindigkeit leitete er
die Vernehmung.

„Jude?"

„Nein."

„Kommunist?"

„Ja."

„RFB?"

„Nein."

„RFB??"

„Nein."

Sich in seinen Sessel zurücklehnend, sagte er gelassen: „Fünfzig".

Die beiden SS-Leute, die hinter mir standen, packten mich und rissen mich die Treppe hinunter in den Keller. Dort wartete schon das diensttuende „Vorbereitungskommando". Aus einer Wanne holten sie die nassen Pferdepeitschen heraus. Sie zogen besser, wenn sie vorher im Wasser gelegen hatten.

„Hosen runter."

Ich rührte mich nicht.

In einer Sekunde lag ich entblösst über dem Tisch, vier Mann hielten mich, drei Mann schlugen. Beim ersten Hieb glaubte ich an die Decke zu fliegen, der ganze Körper krampfte sich zusammen. Gegen meinen Willen stiess ich einen furchtbaren Schrei aus. Dann kam der zweite, der dritte, der vierte Hieb. Nicht schnell, immer in Abstand, so dass ich nicht die Besinnung verlor und meine Nerven jeden Schlag in seiner rasenden Schärfe aufnehmen mussten. Ich hatte nur eine brennende Sucht: tot zu sein, nur tot, nur tot, Schluss, Schluss. Mein Körper wurde mir fremd, ich empfand die Hiebe nur noch als dumpfe Detonation in meinem Kopf.

Ich hatte nicht mehr die Kraft zu schreien. Nach einer Weile hielten sie ein und wechselten die Plätze. Einer goss mir einen Eimer kaltes Wasser über den Kopf, um mich wieder aufnahmefähig zu machen. Dann begannen sie von neuem. Als es vorbei war, warfen sie mich in meine Zelle, nicht ohne mir angekündigt zu haben, dass sie mich gleich wieder zur Vernehmung holen würden.

Was mich in diesen Stunden vom Selbstmord abhielt, war weder Mut noch Feigheit, weder der Gedanke an meine

Frau noch an meine Mutter. Es war das Bewusstsein, dass in denselben Mauern fünfhundert Genossen das gleiche Schicksal mit mir teilten, es war das Gefühl der Verbundenheit mit den treuen Parteiarbeitern; der Gedanke an Ernst, an die vielen bleichen Proleten-Gesichter, an den Jungen. Zum Bärentanz um 6 Uhr abends konnte ich nicht antreten.

Als sie meine Zelle aufschlossen, blieb ich in meiner Ecke unbeweglich liegen, gleichgültig, was sie mit mir machen würden.

„Aufstehen!"

Ich rührte mich nicht.

„Aufstehen!" brüllte die Wache und trat mir in den Leib. Jeder Widerstand war undenkbar. Ich zog mich am Schemel hoch.

„Warum meldest Du nicht, Du Sau!"

„Billinger — Nr. 880 — Kommunist."

„Was liegst Du hier herum?"

„Ich kann nicht stehen."

„Warum nicht?"

„Ich war zum Verhör."

„Was willst Du damit sagen?"

Ich schwieg.

„Du meinst, Du bist die Treppe herunter gefallen, nicht wahr?"

Ich schwieg.

„Antwort, Du Strolch! Du bist die Treppe heruntergefallen!"

„Jawohl."

„Na, also!"

Um 7 Uhr kam Abendessen, die Brotkante mit Schmalz und eine braune Brühe, „Kaffee". Ein Häftling schüttete sie in meinen Essnapf, der vom Mittag noch ungereinigt dastand. Beim Vorübergehen stiess er mich an, ich blickte auf, es war Hans. Ueber sein freches, berliner Gesicht ging ein Ausdruck des Kummers, als er mich in meinem jammervollen Zustand sah. Tröstend kniff er das linke Auge zu.

Spät nachts, das Licht war längst erloschen, kam die Besichtigung. Ein kleiner, vollgefressener Sturmführer, Otto, bekannt und berüchtigt als notorischer Säufer, liess sich eine Zelle nach der anderen aufschliessen. Näher und näher kam das Brüllen des Schlächters, das Zuschlagen der Türen. Jetzt waren sie da. Ich meldete.
Nach Fusel stinkend kam er auf mich zu und sah mich mit vorquellenden, stieren Augen an:
„Warum hier?"
„Mitglied der KPD."
„Wie lange?"
„Bis zur nationalen Regierung."
„Warum nicht länger?"
Ich zögerte.
„Du hast", sagte er eindringlich und jedes Wort schwer betonend, „Du hast eingesehen, dass unser Führer — wer ist unser Führer?"
„Adolf Hitler."
„Richtig. Du hast eingesehen, dass unser Führer Adolf Hitler Tag und Nacht arbeitet, um das deutsche Volk wieder glücklich zu machen."
„Jawohl."
„Wo bist Du geboren?"
„Im Rheinland."
Alkohol, der Führer, deutscher Rhein — deutscher Wein, blondes Mädchen — die Sentimentalität gewann die Oberhand in ihm.
„Der Rhein bleibt deutsch", deklamierte er.
„Jawohl."
„Und wenn Du zurückgehst an den Rhein, wirst Du ein treuer, deutscher Mann sein!"
„Jawohl."

Es hätte nicht viel gefehlt, und er hätte mich umarmt!
Seine Begleiter zogen ihn hinaus.
Die Nacht war fürchterlich. Ich konnte nicht sitzen, nicht
liegen oder stehen. Rock und Hemd waren durchnässt.
Die Haut riss über den unförmig angeschwollenen Körper-
teilen. Ich flog vor Kälte und Fieber. Morgen werden
sie mich wieder holen und verhören. Keine Rettung, keine
Hilfe. Die Genossen tot, gefangen, Käthe im Ausland ohne
Geld. Was wird sie machen? Die Liste in der Wohnung.
Anton hat sich erhängt. Warum hat er sich erhängt? Aus
Verzweiflung? Haben sie ihn ermordet? Wir sind alle
verloren. --

Lastwagen mit neuen Verhafteten rasten in den Hof. Die
SS empfing sie mit Fluchen und Brüllen und peitschte sie
in die Zellen. Da der Platz knapp wurde, legte man die
bereits verhörten Gefangenen zusammen. Auch in meine
Zelle wurden am Morgen noch zwei Häftlinge gestopft.
Den einen kannte ich nicht, der andre war Hans. Auf
unerklärliche Weise hatte er es fertig gebracht, zu mir
gelegt zu werden. Jetzt tat er mir alles erdenkliche Gute.
Er sass seit vierzehn Wochen in Columbia und kannte den
Betrieb in- und auswendig. Für mich war ein SS-Mann
wie der andre. Ich hasste sie so sehr, dass ich nicht einmal
ihre Gesichter unterschied. Er kannte jeden einzelnen
Mann des Sturmes und wusste, wie man ihn behandeln
musste. Im praktischen Erfassen der Situation besass er
jene Gabe, die nur Proleten eigen ist. Trotz des inferna-
lischen Terrors und einer unüberbietbar scharfen Kontrolle
hatte er Verbindung zu Genossen in anderen Zellen. Er
half beim Austragen des Kaffees, er war in der Kartoffel-
schäl-Kolonne, die mehrere Stunden im Hof sitzen durfte,
er bürstete den SS-Offizieren die Uniform-Röcke und wurde
von dem Koch, einem ehemaligen Boxer mit verunstalteten

Ohrmuscheln, protegiert, weil er wie kein Zweiter sich auf die Feuerung der Feldküche verstand.

Aber er war kein Kalfaktor, bei alledem blieb er ein unbestechlicher, klassenbewusster Arbeiter.

Er brachte einen Strohsack mit, der vor Schmutz, Blut und Kot starrte und bestand darauf, dass ich ihn benutzte. Er tröstete mich, mein Verhör sei beendet, denn ich habe ja schon mein Protokoll bei der Gestapo unterschrieben und sei nur hier, um gleichgeschaltet zu werden. Seine Kenntnisse vom üblichen Verlauf unserer Eingliederung in das Dritte Reich waren schlechthin vollkommen.

Was niemandem gelang oder niemand wagte, brachte er fertig. Nach dem Kaffeeaustragen auf unserem Flur kam er mit einer Decke an; Gott weiss, wo er die aufgetrieben hatte. Er zeigte mir die Benutzung der „Fahne", eines Eisenstabes, der etwa 10 cm in die Zelle hineinragt und beim Herausstossen ein kleines Schildchen an der Aussenseite der Zelle bewegt.

Ich konnte zum ersten Mal dem Kommando der Wache nachkommen:

„Scheisser — Fahnen raus!"

„Pisser — Fahnen raus!"

Am Abend dieses Tages mussten wir uns auf dem Hof im Karree aufstellen. Ein SS-Offizier rief die Namen zweier jüdischer Häftlinge auf. Sie traten vor, Spuren frischer Misshandlungen im Gesicht.

Der eine war ein Mann um die fünfzig, der andere vielleicht dreissig Jahre alt.

„Nu, Schmonzes", näselte der Sturmführer, „was bist Du denn im Beruf?"

„Schriftsteller."

„Wo haste denn geschrieben, Cohn?"

„In verschiedenen Blättern!"

„Nu, schenier Dich nicht, sag's nur."

„Im Berliner Tageblatt, auch in der Gewerkschaftspresse."

„Aha — was haste denn geschrieben?"

„Ueber kulturelle Fragen."

Dröhnendes Gelächter der umstehenden SS.

„Moische schreibt über deutsche Kultur."

„Haste auch über Frieden und Völkerbund geschrieben?"

„Ja."

„Biste a Pazifist?"

„Ja."

„No, Schleim, jetzt wirst Du ein Kämpfer werden; hier nimm den Besen."

Die SS grinste und freute sich auf das Schauspiel, das ihr bevorstand.

„Und Du, ägyptischer Wüstensohn, was bist Du von Beruf?"

„Arzt."

„Partei?"

„KPD."

„Hast wohl die Kommunistenhuren abgetrieben?"

Der Mann antwortete nicht.

„Komm, Schmuhl, nimm Dein Schwert."

Er drückte ihm eine Latte in die Hand.

„Wenn ich bis drei zähle, geht's los. Wer verliert, kommt in den Keller. Eins, zwei, drei."

Die beiden Männer rührten sich nicht.

„Na, wird's bald?" brüllte der Offizier.

Der ältere hob den Besen und liess ihn wieder sinken. Der jüngere stand unbeweglich.

Die SS-Leute stellten sich mit den Peitschen hinter sie.

„Zum letzten Mal, los!"

Als sie auch jetzt nicht begannen, hagelte es Hiebe über Kopf, Hals und Rücken.

„Vorwärts, vorwärts!" schrie der Offizier wie ein Rasender.

Der ältere Jude schlug zu. Erst zögernd, entsetzt über

das, was er tat, dann schneller, um den Schlägen der SS zu entgehen, schliesslich ohne Besinnung mit zerrissenem Gesicht, den Ausdruck des Wahnsinns auf den Zügen.
Der Jüngere hob nicht einmal den Arm, um die Schläge auf den Kopf abzuwehren. Er rührte sich auch nicht unter den sausenden Pferdepeitschen. Aufrecht, ohne einen Laut von sich zu geben, stand er, bis er zusammenbrach.
Die Gesichter der Gefangenen waren grau und verfallen.

Unser Zellengenosse, Richard M., war ein Mann von zweiundvierzig Jahren, zwanzig Jahre lang Mitglied der SPD, Elektrotechniker, 1924 angestellt bei der Berliner Verkehrs-Gesellschaft und zuletzt Betriebsratsmitglied. Das war alles, was aus ihm herauszukriegen war.
Jeder hütete sorgfältig seine Geheimnisse. Keiner traute dem anderen.
Hans gehörte seinem Temperament, seiner Jugend und persönlichen Erfahrung nach zu den Genossen, die von vornherein geneigt sind, in einem sozialdemokratischen Funktionär einen bewussten Verräter der Arbeiterklasse zu sehen. M. war für ihn Luft, er sprach kein Wort mit ihm. Hatte er etwas Essbares aufgetrieben, so schob er ihm sein Teil stumm hin. Manchmal machte er seinem Herzen Luft, indem er ab und zu, ohne M. anzusehen, vor sich hinstiess:
„Schlagt Hitler —— Wählt Hindenburg."
„Lasst Euch nicht von den Kozis provozieren!"
„Gebt die Antwort mit dem Stimmzettel."
Der Sozialdemokrat reagierte nicht.
Eines Tages wurden frühere sozialdemokratische Polizeibeamte eingeliefert, und die SS nahm ihnen im Keller „Mass". Als das Schreien der geschlagenen Männer zu uns heraufklang, murmelte Hans ingrimmig:
„Jetzt bekommt ihr den Dank für Eure Liebesdienste."

Zum erstenmal verliess den Sozialdemokraten seine Ruhe: „Ihr habt ihnen doch den Weg gebahnt! Ihr habt doch lieber Einheitsfront mit ihnen statt mit uns gemacht!"

„Lieber zehnmal mit Gröner als einmal mit den Kommunisten", zitierte Hans den sozialdemokratischen Reichstagsabgeordneten Schöpflin.

„Denkt nur an Euren „Roten Volksentscheid'!", erwiderte der Sozialdemokrat.

„Wer hat den RFB aufgelöst? Wer hat auf die Arbeiter schiessen lassen? Sollen wir diese Lumpen auch noch unterstützen?"

In Feindseligkeit und Hass litten sie in einer Zelle, beide Arbeiter, beide Opfer der faschistischen Henker.

„Fliegeralarm!" brüllte die Wache auf dem Flur.

„Schnell! Hinlegen! Kopf unter den Schemel!" kommandierte Hans.

Wir legten uns platt auf den Boden. Er ergriff meinen Essnapf und stülpte ihn mir über den Kopf. Der Sozialdemokrat wuste ebenfalls schon Bescheid, ergriff seinen Trinkbecher und presste ihn vor die Nase.

So lagen wir regungslos, bis der „Alarm" abgeblasen wurde. Die Kameraden erklärten mir, dass diese Einrichtung vom „Luftschutz" des Columbiahauses angeregt und als Unterhaltung für die SS ausgestaltet worden war.

In dieser Nacht wurde unser Flur fünfmal von dem Rollkommando aufgesucht. Vor einer offenen Zelle hörten wir einen SS-Mann rufen:

„Verflucht, das ist doch der „Heil-Moskau-Orje"? Orje, da haste aber ausgesprochenes Pech gehabt, dass ich Dich hier finde. Du erinnerst Dich doch noch an die Weberstrasse, was, Du Hund! Jetzt biste mein! Komm heraus!"

Sie prügelten den Antifa-Kämpfer den Flur und die Treppe hinunter in den Keller.

Als wir am Morgen vor den Zellen angetreten waren, besah sich die Wache das Ergebnis der Nacht.

„Was hast Du da am Kopf?"

„Ich bin die Treppe heruntergefallen", antwortete der Angesprochene, ein langer, hagerer Arbeiter, dessen verhungertes Gesicht durch die Misshandlungen der Nacht wie eine Totenmaske erschien.

„Welche Treppe und wann?"

„Die Treppe zum Hof, als ich austreten wollte "

„Wieviele Stufen?"

„15 Stufen."

„Da musst Du das nächste Mal besser aufpassen, verstanden?"

„Jawohl."

Die Wachtposten grinsten sich belustigt an.

„Bist Du Jude", fragten sie einen dunkelhaarigen Proleten.

„Nein."

„Das kann jeder sagen. Beweis' es!"

„Mein Vater und meine Mutter sind katholisch."

„Sie werden eben getaufte Juden sein."

„Nein."

„Beweis es", brüllte der Posten. Andere SS-Männer traten in Erwartung eines guten Spasses hinzu. Der Arbeiter schwieg und wusste nicht, was er tun sollte.

„Bist Du beschnitten?"

„Nein."

„Hosen auf! Schwanz raus!"

Der Arbeiter tat es.

„Juden vortreten."

Ein grosser, blonder Mann trat vor.

„Loew, Du bist Spezialist in Juden-Nüllen?"

„Jawohl."

„Bekiek Dir das Ding."

„Er ist kein Jude."

„Loew, Du willst wohl Deinem Rassegenossen helfen."

„Nein, der Mann ist wirklich kein Jude."
„Wieviel hast Du noch zu kriegen, Loew?"
„Noch zweihundert."
„Hundert geschenkt, wenn Du die Wahrheit sagst."
Der Mann dachte an den Keller, an die zweihundert Hiebe,
die ihm noch bevorstanden. Hundert weniger. Er schwieg.
„Na, haste Dir's überlegt?"
„Ich weiss es nicht."
„Soll ich Dir die Augen schärfen," drohte der SS-Mann.
„Es kann sein."
„So, ihr Brüder. Jetzt kriegt ihr beide dafür, dass ihr zu-
erst gelogen habt! Heute nacht seid ihr fällig."

Noch qualvoller als die Misshandlungen selbst waren die
Ankündigungen neuer Bestialitäten. Ein Bayer in der SS
hatte sich ein wahres System daraus gemacht. Wenn er
Wache schob, liess er die Kameraden, die er aus irgend
einem Grund besonders hasste, vortreten, schätzte sie ein,
wie der Metzger ein Stück Vieh auf seine Schlachtfähig-
keit, und vermerkte in seinem Notizbuch:
„Nr. 524 — übermorgen.
Nr. 578 — nächsten Dienstag.
Nr. 619 — heute Nacht."
„Eintreten."
Dann warteten die Gefangenen in der Gewissheit, dass
der Bayer seine Drohung wahrmachte, Stunde um Stunde,
Tag um Tag, auf das Erscheinen des Rollkommandos, auf
die angedrohten Prügel.
Unerschrockene Arbeiter, tapfere Intellektuelle brachen
unter diesem bestialischen Terror zusammen.
Der Hauptmann Stennes, ehemaliger Führer der SA in Ber-
lin, der 1931 gegen Hitler revoltiert hatte, öffnete sich die
Adern. Die Wache fand ihn, bevor er verblutet war, und
liess ihn verbinden. Da er versuchte, den Verband her-

unterzureissen, legten sie ihm einen Häftling in die Zelle, der ihn dauernd beobachten musste.

Ein 47-jähriger Metallarbeiter, der vier Jahre lang als „Frontschwein" die Schrecken des Krieges mitgemacht hatte, ertrug es nicht mehr und erhängte sich in einer Nacht, ohne dass sein Zellengenosse es merkte.

Niemals hatte ich soviel Qual, Todesangst, Verzweiflung und Leid gesehen. Niemals hätte ich Menschen solcher Scheusslichkeiten fähig gehalten.

Es schien kein Ende zu geben. Schreiben oder Briefe empfangen war verboten, niemand wusste, wessen er angeklagt war, und was ihm bevorstand. Die primitivsten Rechte des kriminellen Verbrechers waren uns entzogen.

Draussen feierte das Neue Deutschland ein Fest nach dem anderen. Die SS-Offiziere liessen sich im Hof von den Häftlingen die Uniformen klopfen und bürsten, die hohen Stiefel wichsen, die gestohlenen Automobile waschen, dass alles nur so funkelte. Sie waren dienstlich und ausserdienstlich stark in Anspruch genommen.

Täglich wurden neue Verhaftete eingeliefert, gleichgeschaltet, zu guten Deutschen erzogen und ermordet.

Es schien kein Ende zu geben.

Ich weiss nicht, was ohne Hans aus mir geworden wäre. Er nahm der Hölle einen Teil ihrer Schrecken, indem er mir ihren Mechanismus erklärte. Columbia gehörte zur „Polizei-Abteilung Wecke, z. b. V." (zur besonderen Verwendung), der Kerntruppe der Göring'schen Geheimen Staatspolizei. Die SS bestand aus ausgesuchten Leuten, geneigt und gedrillt, in Kommunisten, Sozialdemokraten, Pazifisten und Juden Gesindel zu sehen, für das jede Brotkruste zu schade ist. Für sie war es eine unerträgliche Milde uns noch zu füttern, statt uns wie die Pest auszurotten. Aber sie überbrückten nach Kräften den bedauer-

lichen Gegensatz zwischen aussenpolitischer Rücksicht-
nahme und den gebieterischen Notwendigkeiten des Dritten Reiches im Innern. Es waren hochqualifizierte Spezia-
listen. Sie mordeten unbeweisbar, sie überliessen es den
Gefangenen, das letzte zu tun und sich selbst umzubringen, sie eigneten sich eine vollendete Technik an, zu fol-
tern, ohne äusserliche Spuren zu hinterlassen.

Bei den zahlreichen „Tripper"-Erkrankungen, die auf den
Zellentüren angezeigt waren, handelte es sich um Ver-
letzungen der Nieren und Geschlechtsteile durch die Prü-
gelexekutionen im Keller.

„Achtung" bedeutete, dass der Häftling infolge der Misshandlungen totkrank war und vom Sanitäter beaufsichtigt
werden sollte. Durch Hans erfuhr ich auch, welche Be-
wandtnis es mit dem Gesangverein und dem Heftpflaster
auf sich hatte.

Die Abteilung Wecke z. b. V. pflegte das deutsche Volks-
lied. Alltäglich tönte es vom Hof herauf:

„Es ritten drei Reiter zum Tore hinaus, kling klang."

„Feins Liebchen blieb traurig allein zu Haus, kling klang."

Mit dieser Kulturarbeit verband die SS gleichzeitig einen
praktischen Zweck. Der „Gesangverein" musste immer in
Tätigkeit treten, wenn im Keller die Vorbereitungskom-
mandos arbeiteten. Die Chorstimmen übertönten am besten
das Schreien und Wimmern der Gefolterten. Wurde der
Gesangverein abends um 8 Uhr mobilisiert, so war es reine
Kunst für das Herz der SS. Tagsüber wurden unter seinen
Tönen verstockte Häftlinge vernehmungsreif gemacht. Die
Wahrheit zwingt mich indessen, hinzuzufügen, dass nach
der Abdichtung des Kellers durch doppelte Türen und Ver-
mauerung aller Fenster, der Chor fast nur noch abends
antrat. Mit deutscher Innerlichkeit lauschte dann die SS
ihrem Lieblingslied:

„Wenn Du noch eine Mutter hast, so danke Gott und sei
zufrieden.

Nicht allen auf dem Erdenrund ist dieses hohe Glück
beschieden."
An zahllosen Gefangenen hatte ich ein Heftpflaster be-
merkt, das regelmässig auf der linken Schläfe klebte. Nach
etwa zwei Wochen wurde eines Morgens die Eckzelle unseres Flügels gemeinsam mit den übrigen Zellen geöffnet:
es war der Junge, der beim Transport der revolutionären
Literatur hochgegangen war. Sein Gesicht war weiss, die
Ohren durchsichtig wie die eines Toten. An der linken
Schläfe hatte er das Heftpflaster der Columbia-Kaserne.
Der Deutsche neigt zu Systematik in allem, was er tut.
Bei den körperlich hervorragend entwickelten und trainier-
ten SS-Leuten war es unausbleiblich, dass ihre Betätigung
an den Gefangenen sich in dieser Richtung vervollkomm-
nete. Der Columbia-Sturm hatte seine eigenen Sport-Re-
geln. Es war guter Ton, jeden, auch den stärksten Häftling mit einem Hieb an die Schläfe umzulegen. Dieser
hundertmal geübte Schlag hatte nur eine unangenehme
Nebenwirkung. Er spaltete das Gesicht des Opfers bis auf
den Knochen und färbte die Schläfe schwarz. Aber ein
lustiger SS-Sanitäter begegnete dem Uebel mit vorberei-
teten Pflasterstreifen.
,,So, jetzt noch drei Strich Jod auf den Rücken, dann bist
Du wieder gebrauchsfertig", ermunterte er seine Patienten.
Die drei Strich Jod bekamen sie mit den schweren Lederpeitschen, die von der deutschen Artillerie zum Antreiben
der Pferde benutzt werden.
Auch für deren Handhabung bestand ein Reglement, das
aus Uebung, Freude am Handwerk und überschüssiger
Kraft entsprungen war. Den besten Ruf genoss, wer imstande
war, mit möglichst vielen und wuchtigen Schlägen auf den
entblössten Körper des Gefangenen dessen Haut nicht
frühzeitig aufplatzen zu lassen. Der Gummiknüppel, der
diesen Effekt viel leichter erzielt, galt in Columbia nicht
als weidgerecht.

Auf meinem Kalender waren achtundzwanzig Striche eingeritzt, als die Wache gegen Abend brüllte:
„Nr. 880 — Fahne raus!"
Ich stiess den Stab zurück.
„Pass auf — Du kommst raus", flüsterte mir Hans zu.
Unsere Zelle wurde geöffnet.
„Auf dem Flur antreten!"
Ich konnte meinen Zellengenossen nicht einmal mehr zunicken.
Draussen standen bereits zehn Häftlinge, einige zitternd vor Erwartung und Hoffnung. Der dicke St., eine der populärsten Gestalten in der revolutionären Berliner Arbeiterbewegung, den ich vorher noch nicht gesehen hatte, zog gerade sein Bolle-Hemd aus. Gleichmütig fragte er einen der SS-Leute:
„Wohin geht die Tour jetzt?"
Der SS-Mann zuckte die Achseln.
Nach endlosem Warten wurden unsere Sachen zurückgegeben. Jeder von uns glaubte, man werde uns entlassen. Mein Nebenmann wühlte in der Tüte und brummte was vor sich hin.
„Fehlt Dir was?" fragte die Wache.
„Ich kann meinen Priem nicht finden", sagte der Alte böse.
„Du brauchst keinen Priem mehr", erwiderte der SS-Mann. Aber keiner von uns glaubte an seine Drohung.
Die Hauptsache war, wir kamen aus dieser Hölle heraus. Schlimmeres konnte nicht mehr kommen.
Es war bereits dunkle Nacht geworden, als wir im Hof einen Lastwagen bestiegen. Niemand wusste, wohin. Noch jetzt hofften wir auf Entlassung.
Sieben SS-Leute, mit Karabinern und Pistolen bewaffnet, verteilten sich im Wagen. Ganz zuletzt wurden noch ein paar Peitschen hereingereicht. Da erlosch die Hoffnung und jedem von uns fuhr es durch den Kopf:

„Jetzt werden sie uns auf der Flucht erschiessen!"

Bevor der Wagen anfuhr, hielt uns der SS-Truppführer, der vorn neben dem Chauffeur Platz genommen hatte, eine Ansprache:

„Wenn einer von Euch jetzt bei der Fahrt durch die Stadt eine verdächtige Bewegung macht, wird geschossen. Der Strolch passt in keinen Sarg mehr, das kann ich Euch flüstern!"

Hier wie auch später im Lager spürte man die Nervosität der SS, die fürchtete, dass die empörte Bevölkerung Gefangene auf dem Transport gewaltsam befreien werde.

Der Wagen fuhr in rasender Fahrt durch die Stadt, belebte Strassen nach Möglichkeit vermeidend.

Sie brachten uns nach dem Gefängnis Plötzensee.

Nach Columbia erschien mir dieses düstere Haus wie eine Zuflucht. Ich hatte gehört, dass nach Plötzensee in der Regel Häftlinge gebracht würden, gegen die ein Strafverfahren eingeleitet werden sollte oder bereits schwebte, und zermarterte mir den Kopf, welche Materialien die Geheime gegen mich haben konnte, um darauf einen Prozess aufzubauen. Das von mir unterschriebene Protokoll reichte bestimmt nicht dazu aus.

Nach drei Tagen löste sich das Rätsel. Es wurde ein grösserer Transport für ein Konzentrationslager zusammengestellt. Mit 127 anderen Verhafteten wurde ich am 15. August nach dem Konzentrationslager Hubertshof abtransportiert.

II.

HINDENBURG-SPENDE

„Lasst den Kopf nicht hängen und haltet die Ohren steif",
sagte ein älterer Polizeiwachtmeister, als wir uns der End-
station näherten.
„Ihr kommt auch mal wieder raus!"
Auf dem Bahnhof übergab uns der Polizeioffizier einem
Kommando der SS-Standarte 96, der das Lager unterstellt
war. Der SS-Sturmführer hatte mit Missvergnügen die
„schlappe Haltung" der Polizeibeamten gesehen und prügelte einen Häftling, der seinen Pappkarton nicht schnell
genug finden konnte, eigenhändig aus dem Wagen heraus,
um uns von vornherein klar zu machen, dass hier ein anderer Wind wehe. Mit schussfertigem Gewehr brachte uns
die SS nach dem Lager.
Sowie sie uns in den Lagerhof getrieben hatten, wurden
die Tore geschlossen und Posten mit Maschinenpistolen
aufgestellt. Von den übrigen Häftlingen des Lagers war
nichts zu sehen. Der Hof war auf drei Seiten von Gebäu-
den umgeben, auf der vierten mit einem Bretterzaun und

mit Stacheldraht abgeschlossen. Auf einer Holzbude prangte gross das Rote Kreuz: „Sanitätsbude". SS-Leute, die keinen Dienst hatten, musterten uns, ob sie nicht alte Bekannte finden würden, fluchten und drohten und traten uns von hinten in die Knie, um uns zum Fallen zu bringen. Die SS des Lagers unterschied sich auf den ersten Blick von dem Sturm im Columbia-Haus. Dort waren es ganz vorwiegend Söhne des städtischen Kleinbürgertums gewesen, mit intellektuellen und lumpenproletarischen Elementen vermischt, hier im Lager rekrutierte sich das Gros der SS aus ländlichen Bevölkerungsschichten. Sie waren weniger geschniegelt und besassen nicht die sadistische Vollkommenheit ihrer Kollegen von Berlin. Was ihnen aber an Finessen abging, ersetzten sie redlich durch bäuerliche Brutalität.

Zwei Offiziere, ein Sturmbannführer (vier Sterne am Kragen) und ein Sturmführer (drei Sterne) standen im Gespräch vor der Tür des Verwaltungsgebäudes und sahen zu uns herüber. Nachdem sie der SS Zeit gelassen hatten, ihren Mut an uns zu kühlen, kamen sie auf uns zugeschritten.

„Na, da haben sie uns ja eine feine Bagage geschickt. Wer von Euch war bei der Kommune?"

Ueberall gingen die Arme hoch.

„Wer war bei der SPD und beim Reichsjammer?"

Etwa zwanzig meldeten sich.

„Juden vortreten!"

Drei Mann traten aus der Reihe.

„Was bist Du von Beruf?" fragte der Sturmbannführer den ersten.

„Rechtsanwalt."

„Politisch organisiert?"

„Ich war Mitglied der SPD."

„Aha — Funktionär?"

„Reichstagsabgeordneter."

„Grossartig", schrie der SS-Offizier. „Sag' mal, was sagt eigentlich Eure Internationale dazu, dass wir sie gar nicht um Erlaubnis fragen, Euch aufzuhängen?"

Der Sozialdemokrat schwieg.

„Antwort!"

„Ich weiss nicht."

„Dann will ich Dir's sagen: Hinlegen! Auf alle viere, wie ein Hündchen. So, jetzt pass' auf: Caro, wie spricht die II. Internationale?"

„Caro, wie spricht die II. Internationale?" wiederholte er drohend, „belle!"

„Wau, wau", bellte der sozialdemokratische Reichstagsabgeordnete, eine der bekanntesten Figuren des früheren Parlaments.

Die SS hielt sich den Bauch vor Lachen.

„Hast früher die deutschen Arbeiter beschissen. Da wirst Du bei uns in Deinem Element sein. Ich ernenne Dich hiermit zum Scheisshausdirektor!"

Ein SS-Mann übergab dem Offizier eine Meldung. Der brüllte uns an:

„Die ersten zehn Mann zur Personalabteilung."

Im Laufschritt ging's über den Hof in eine Schreibstube, wo ein paar SS-Leute uns registrierten und unsere Fingerabdrücke nahmen.

Einer nach dem anderen musste eintreten und jedesmal wiederholte sich derselbe Vorgang.

Auf das Kommando: „Der Nächste", klopfte einer von uns an die Tür, öffnete und trat ein.

Schon innerhalb der Schreibstube musste er sagen:

„Ich bitte eintreten zu dürfen!"

„Du bist ja schon da, wer hat Dir erlaubt hereinzukommen?" brüllte ihn die SS an.

Der verwirrte Häftling versuchte wieder rückwärts hinaus zu gehen. Draussen aber standen ein paar SS-Leute, die ihn zurückprügelten. In der Schreibstube hagelte es dann gleichfalls auf ihn ein, so dass er buchstäblich zwischen Tür und Angel hin- und herflog.

Dies war eines der Unterhaltungsspiele, die sich die SS vom Verwaltungsdienst ausgedacht hatte, um gegenüber ihren Kameraden vom Wachdienst nicht allzu sehr benachteiligt zu sein. Vom „Klavierspielen" (Fingerabdrücke) ging's auf die Stehwage. Das Gewicht wurde bei der Einlieferung und später wieder bei der Entlassung notiert. (Es ist mir kein Fall bekannt, dass Häftlinge im Lager diesen offiziellen Ausweisen nach an Gewicht verloren hätten. Die durchschnittliche Gewichtszunahme schwankte zwischen zehn bis zwanzig Pfund!)

Als ich von der Wage heruntertrat, sagte mir der SS-Mann:
„Noch einmal."

Nichts ahnend betrat ich die Wage wieder.

„Herunter."

Ich trat herunter.

„Noch einmal."

Aber diesmal begleitete der SS-Mann sein „Herunter" mit einer Ohrfeige, die mich von der Wage fegte.

„So, das nächste Mal wird es schneller gehen", sagte er.

Bis alle abgefertigt waren, brachte uns die SS auf dem Hofe die Anfangsgründe militärischer Geländeübungen bei.

„Auf! Nieder! Auf! Nieder!"

Immer wieder mussten wir uns in den Dreck werfen, auf dem Bauch vorwärts kriechen, das Gesicht am Boden, aufspringen, laufen, mitten im Lauf uns niederwerfen. Die SS half mit dem Gewehrkolben und Fusstritten nach. Wer schlapp machte, wurde erbarmungslos geprügelt.

Mit dem Versprechen: „Morgen werdet Ihr gleichgeschaltet", wurden wir nach endlosen Quälereien in die Schlafsäle verteilt.

Ich kam in die achte Kompagnie.

Der Stubenälteste, ein Gefangener, wies mir meinen Platz an und löschte das Licht aus. Da stand ich nun im Dunkeln, in einem kellerähnlichen Raum, dessen drückende Luft mir das Atmen schwer machte. Beim Auskleiden stiess mein Kopf hart an einen Pfosten. Mein Nebenmann flüsterte gutmütig:

„Immer mit der Ruhe. An unsere Maasse muss man sich erst gewöhnen."

Ich war glücklich, dass mein Nachbar noch nicht schlief.

„Hast Du Hunger?" fragte er leise.

„Ja."

„Hier. 'ne Stulle."

Er drückte mir ein vertrocknetes Stück Brot in die Hand, dass ich heisshungrig aufass. Wir hatten den ganzen Tag noch nichts bekommen.

Mein „Bett" bestand aus einem Holzkasten mit Strohsack und einer Decke. Zum ersten Mal seit vier Wochen konnte ich meine stinkende Unterwäsche ausziehen.

Draussen tastete ein Scheinwerfer die Gebäude ab. Ich zog mir die Decke über den Kopf und fiel sofort in Schlaf.

„Aufstehen!"

Eine Trillerpfeife weckte am Morgen. Es war noch dunkel. Der diensttuende Scharführer war gut aufgelegt. Er knipste das Licht an:

„Raus aus der Pforzkiste", schrie er.

Im Handumdrehen sprang alles auf.

Neben, unter, über mir krochen Häftlinge aus den Betten, schüttelten die Strohsäcke auf, falteten die Decken zusammen, liefen zum Waschraum, kleideten sich an, holten in Bechern und Armee-Kochgeschirren ihre braune Brühe und verzehrten die Morgenstulle. Alles war ein Werk von wenigen Minuten. In dem engen Gang zwischen den beiden Bettreihen wimmelte es wie in einem Ameisenhaufen. Es war für uns Neue unmöglich, auch nur einen Fuss auf die Erde zu bekommen.

Noch ehe ich recht begriffen hatte, was vorging, ertönten die Kommandos der Wache und der Kolonnenführer:

„Aussenkommandos! Zur Arbeit antreten!"

„Deich I — abrücken!"

„Teuflinger Bruch — abrücken!"

„Deich II — fertigmachen zum Abrücken!"

„Innenkommandos — zum Appell!"

Ratlos sah ich mich um.

„Was haben wir jetzt zu tun?" fragte ich einen Kumpel, der gerade das letzte Stück seiner Stulle herunterschlang und hinaustastete.

„Bist Du schon zugeteilt?"

„Nein, wir sind erst gestern abend gekommen."

„Vor der Sanitätsstube antreten", rief er mir zu und war weg.

Ich kleidete mich an, so schnell ich konnte und brachte meine Pritsche in Ordnung.

In der Kompagnie waren zwei Mann zurückgeblieben. Ein Alter, weit über sechzig, der offensichtlich zu der schweren Aussenarbeit nicht mehr tauglich war, und ein Häftling, der den „Stubendienst" zu versehen hatte.

Der Alte setzte sich an den Tisch, der am unteren Ende des Schlafsaales zwischen die Bettreihen geklemmt war, wetzte ein Brotmesser an der Tischkante hin und her und fing an, den „Völkischen Beobachter" für die Aborte zurecht zu schneiden. Der „Stubendienst" fegte den mit Brotkrümeln, Strohhalmen, Staub und Papierresten besäten Gang.

Keiner von beiden sprach ein Wort.

„Warum bist Du denn hier", versuchte ich mit dem Alten ins Gespräch zu kommen. Er sah mich von der Seite an.

„Wenn Du das ganz genau wissen willst: ich hab' im Kino geraucht!"

Ich verstand, dass ich einen schweren Fehler gemacht hatte.

„Ich habe nicht aus Neugierde gefragt. Ich möchte nur wissen, was hier gespielt wird."

„Das wirst Du alles noch selber merken. Nimm Dir Zeit",
brummte er vor sich hin.
Die ablehnende Haltung des Lagerkameraden enttäuschte
mich nicht wenig.
Draussen vor der Sanitätsstube standen schon die Häftlinge, die gestern mit mir eingeliefert worden waren. Eine
Wache war nicht zu sehen. Niemand kümmerte sich um
uns. Trotzdem hatten alle stramme Haltung angenom-
men. Flüsternd stellten wir übereinstimmend fest, dass
im Vergleich zu Columbia, Hedemann- oder General-Pape-
strasse in Berlin das Leben hier im Lager keine besonderen
Schrecken zu bieten schien.
Die Aussenkommandos waren längst abgerückt, die Innen-
kommandos vom Frühappell zurück, und wir standen im-
mer noch vor der Sanitätsstube. Gegen 10 Uhr kam ein
Scharführer (ein Stern am Kragen) auf uns zu:
„Habt ihr schon Klavier gespielt?'
„Jawohl."
„Links schwenkt marsch!"
Er führte uns in den hinteren Lagerhof und ertüchtigte
uns drei Stunden lang durch Dauerlauf, Geländeübungen,
Auf- und Niederwerfen. Er brachte uns den deutschen
Gruss bei und exerzierte wohl hundert Mal hintereinander,
wie wir uns in dem Fall zu benehmen hätten, dass ein
SS-Offizier einen Schlafsaal betreten würde.
„Der erste springt auf und ruft „Achtung". Darauf spritzt
die ganze Belegschaft hoch und steht stramm!"
„Nieder."
Wir warfen uns zur Erde, Gesicht zum Boden.
„Ganze Abteilung — kehrt!"
Wir wälzten uns vom Bauch auf den Rücken.
„Ganze Abteilung — kehrt!"
Wir wälzten uns vom Rücken auf den Bauch.
„Sobald einer jetzt nur den Schein meiner Uniform sieht,
hat er zu melden."

Er trat ein paar Schritte zurück und probte.

„Achtung", brüllte der erste Häftling, der ihn sah.

„Schlapp. Noch mal zurück!"

„Dir haben sie wohl in die Augen gepisst, heut nacht. Wie weit soll ich denn noch vorgehen, bis Du mich siehst?!"

So erzog er uns bis zum Mittag.

Die Häftlinge, die im Lager blieben, traten um 1 Uhr kompagnieweise vor der Küche an. Einer nach dem anderen gingen wir an dem grossen Kessel vorüber, aus dem zwei Häftlinge mit der Schöpfkelle jedem einen „Schlag" in den Blechnapf verabreichten. Draussen an der Küchentür war die Speisekarte für die ganze Woche angeschrieben:

Montag — Erbsen mit Kartoffeln.

Dienstag — Rüben mit Kartoffeln.

Mittwoch — Bohnen mit Kartoffeln.

Donnerstag — Kohl mit Kartoffeln.

Freitag — Fisch mit Kartoffeln.

Sonnabend — Nudeln mit Kartoffeln.

Sonntag — Reis mit Kartoffeln.

So hungrig ich war, ich konnte den Frass nicht herunterwürgen und goss ihn in das Fass, das vor der Speisehalle zu diesem Zweck aufgestellt war.

Zu meinem Erstaunen sah ich, wie viele Häftlinge das Essen heisshungrig verschlangen und sich wieder vor der Küche anstellten, um einen zweiten „Schlag" zu fassen. Dieses „Kapitulieren" war allgemein üblich, und es gab nicht wenige, die es verstanden, sich einen dritten und vierten Napf voll zu besorgen.

Von 1-2 Uhr war Mittagsruhe. Die Häftlinge sassen entweder in der Speisehalle oder schlichen sich, obwohl es verboten war, in die Schlafsäle. Als ich ebenfalls versuchte, in meine Kompagnie zu gehen, hielt mich an der Tür ein Häftling an, der dort wie zufällig stand.

„Du kannst jetzt nicht in den Schlafsaal. Das ist über Mittag verboten", sagte er.

„Du bist doch auch hier — und andere sind doch vor mir hineingegangen", erwiderte ich ihm unfreundlich.

„Seit wann bist Du denn im Lager?" fragte er.

„Seit gestern."

„Wo kommst Du denn her?"

„Von Berlin."

„Warst Du in Columbia?"

„Ja."

Darauf wurde er zugänglicher.

„Weswegen bist Du verhaftet?"

„Ich habe im Kino geraucht."

Er lachte.

„Na, Kumpel, Du scheinst richtig zu sein. Kannst rein."

In dem Kompagnie-Schlafsaal war kein Mensch zu sehen, aber von der oberen Pritschenreihe stieg eine dünne Rauchwolke aufwärts zur Decke. Ich kletterte hoch und fand Bett an Bett belegt mit schlafenden und rauchenden Häftlingen, die hier im „dritten Stock" vor Sicht geschützt waren und durch ein Kontrollsystem von draussen gewarnt wurden, wenn Gefahr drohte.

Die Schlafsäle waren in den Gewölben einer ehemaligen Weinkellerei untergebracht und mit durchschnittlich hundert Mann belegt. Der Raum war bis zum letzten Fleckchen ausgenutzt. Links und rechts an den Wänden entlang standen die von den Häftlingen selbst gebauten Betten, 1,80 m lang, 80 cm breit und 70 cm hoch. Immer drei Pritschen übereinander bis dicht unter die Decke und ohne Zwischenraum. Es bedurfte langer Uebung, bis man sich darin zu bewegen verstand. Beide Bettreihen waren durch einen 1,50 m breiten Gang getrennt. Ein Fenster nach dem Hof, mit Eisengittern und Stacheldraht fest verschanzt, liess etwas Licht herein. Geöffnet konnte es nicht werden. Ich hatte ein Bett in der mittleren Reihe bekommen. Erst später kam ich dahinter, dass diese „II. Etage" die ungünstigste war und von erfahrenen Häftlingen gemieden wurde.

Sie lag ungefähr in Brusthöhe und konnte nicht „verblendet", also vor den Augen der inspizierenden Unteroffiziere gesichert werden. Die unterste Bettreihe hatte den Vorzug absoluter Dunkelheit. Zog man die Beine an, so konnte man sich dort ziemlich sicher vor ausser-etatsmässiger Arbeit und den unaufhörlichen „Appellen" drücken, zumal diese unterste Reihe durch Kleidungsstücke, die an die Bettpfosten gehängt wurden noch unübersichtlicher gemacht werden konnte.

Die Vorliebe für die obersten Bettreihen erklärte sich aus ihrer Unzugänglichkeit. Um sie zu erreichen, musste man sich an Holzklötzen, die an die Tragpfosten aufgenagelt waren, hinaufarbeiten. In der Regel waren nicht einmal diese Holzklötze vorhanden. Die Häftlinge brachen sie absichtlich ab, um der Kontrolle den Weg nach oben zu erschweren. Tagsüber war die dritte Etage heiss begehrt, aber in der Nacht war es eine Qual, dort oben zu liegen. Das schwer verdauliche Kommissbrot und die tagtägliche Kartoffelbrühe, die wir in der Küche bekamen, verfehlten ihre Wirkung nicht. Die Ausdünstung von hundert eng zusammengepferchten Männern stieg nach oben und stand dick wie eine Mauer unter der Decke.

Die Häftlinge hatten ihre paar Habseligkeiten in Pappkartons am Kopfende des Bettes untergebracht. Es herrschte peinliche Ordnung. Wer sich tagsüber in einem fremden Bett „verdrückte", war verpflichtet, es in tadellosem Zustand zurückzulassen. Diebstahl am Eigentum eines Häftlings galt als schweres Vergehen.

„Hast Du einen Stumpen?" fragte mich ein Kumpel, der von oben herabkroch, um sich etwas Rauchbares zu verschaffen.

„Nein, ich musste alles abgeben."

„Na, warte, ich werde was besorgen."

Nach einer Weile erschien er wieder mit zwei Blättchen Zigarettenpapier und etwas Tabak in der Hand.

„Hier, roll Dir eine."

Als er sah, wie ungeschickt ich mich dabei anstellte, drehte er mir die Zigarette selbst.

„Bist Du schon eingeteilt?"

„Nein."

„Wo kommste her?"

„Von Berlin."

„Kennste den Fritz B.?"

„Kann sein."

„Er liegt in der Vierten. Ich werd' ihn Dir heut' abend zeigen."

Um zwei Uhr pfiff die Küchenpfeife. Die Innenkommandos gingen wieder an die Arbeit, die Neuen stellten sich wie am Morgen vor der Sanitätsstube auf.

„Wer von Euch versteht was von Augenheilkunde?" fragte uns der Scharführer.

Ein Arzt trat vor.

„Gut. Du übernimmst das Kommando zum Kartoffelschälen. Und wehe dem, der ein Auge drin lässt!"

Wir schälten in einer Baracke Kartoffeln bis zum Abendappell. Die Küchenmesser, die uns dafür ausgehändigt waren, wurden genau gezählt und am Abend wieder eingesammelt.

Der Appell fand auf dem hinteren Lagerhof statt. Alle Häftlinge traten kompagnieweise an und empfingen die Order für den nächsten Tag. Die Arbeitskommandos wurden neu eingeteilt. Handwerker für bestimmte Arbeiten ausgesucht, die Namen der Gefangenen verlesen, die am nächsten Tag zum Verhör im Lager blieben und nicht zur Aussenarbeit durften.

„Die Neuen vortreten!"

Wir traten vor die Front.

„Wer von Euch ist Friseur?"

Zwei Mann hoben den Arm.

„Schaber, zwei Mann für Deine Bude!"

Der Schaber, ein Häftling, nahm sie in Empfang.

„Wer von Euch ist Mechaniker?"

Etwa zehn Mann meldeten sich.

„Soviel brauch' ich nicht. Du und Du und Du, das ist genug. Ihr arbeitet von nun an in der Auto-Reparaturwerkstatt. Autoschlosser!"

Ein Häftling kam angelaufen.

„Hier drei Mann für die Autogarage."

So wurde ein Teil der Neuen in die Innenkommandos verteilt. Die übrigen kamen zum Aussendienst.

Nach dem Appell blieb noch ungefähr eine halbe Stunde Freizeit vor dem Schlafengehen. Auf diese halbe Stunde konzentrierte sich das Leben der Häftlinge.

Die grosse Baracke diente als Speise- und Aufenthaltsraum. Dort sassen wir abends, spielten Karten, rauchten und unterhielten uns.

Der Kumpel, der mir mittags die Zigarette gedreht hatte, sah mich und winkte mich heran.

„Warte hier. Ich hole Deinen Landsmann."

Es war wirklich Fritz. Wir begrüssten uns möglichst unauffällig.

„Du musst in mein Kommando kommen. Wir haben einen tacko Schieber. Ich werde mit ihm sprechen. Der wird das morgen schon machen."

Um 7 1/2 Uhr war Zapfenstreich. Eine Viertelstunde später lagen die Schlafsäle im Dunkeln. Draussen auf dem Hauptflur patrouillierte die Wache mit geschulterter Maschinenpistole.

Ich war schon am Einschlafen, als eine Gestalt unhörbar zu mir ins Bett kroch.

„Du bist doch Billinger?"

„Warum?"

„Ich war in Deiner Funktionärschule in Bernau, vorigen

September. Erinnerst Du Dich an den langen Frankfurter? Er ist auch hier. Nimm Dich in Acht vor ihm. Er hat gesungen."

„Was ist aus den anderen Genossen geworden?"

„Wir haben noch bis zum Juni eine Zeitung herausgebracht. Dann ist die ganze Ortsgruppe hochgegangen. Die lustige Genossin, die in der Schule soviel Klamauk gemacht hat, hat sich im Gefängnis aufgehängt."

„Wo ist Redel?"

„Sie haben ihn noch nicht. Aber sie haben seine Frau und seine Mutter verhaftet und behalten sie, bis er sich selbst stellt."

„Wie war die Stimmung bei den Genossen?"

„Die alten sind fest. Die jüngeren Parteimitglieder waren verwirrt und kritisch. Ein paar sind in die SA gegangen, aber sie haben nichts verraten."

„Wo arbeitest Du?"

„In der Schuhmacherei. Komm morgen abend mal vorbei. Ich hau' jetzt ab. Gut Nacht."

Kurz nach dem Wecken am Morgen erschien Fritz in meiner Kompagnie.

„Wo bist Du gestern eingeteilt worden?"

„Zum Deich II."

„Komm rasch. Einer von unserem Kommando hat sich krank gemeldet. Unser Schieber nimmt Dich dafür herein. Ich habe mit ihm gesprochen."

Der „Schieber" war der von den Häftlingen stillschweigend anerkannte Vertrauensmann einer Arbeitskolonne. Er hatte in ihrem Namen mit der Wache zu verhandeln und alle „organisatorischen" Fragen zu erledigen, worunter die „Sozialisierung" von extra Brotrationen von besonderer Bedeutung war. Durch stille Uebereinkunft war er von der Arbeit befreit. Die übrigen Häftlinge übernahmen sein

Teil mit. Aber dafür verpflichtete ihn seine Stellung dazu, scharfsinnig und erfinderisch zu sein, gewandt und geschickt im Umgang mit der SS. War die Arbeitskolonne mit ihm unzufrieden, so musste er „zurücktreten", um einem besser Geeigneten Platz zu machen.

Der Schieber sah mich prüfend an, nahm mich beiseite und sagte:

„Fritz hat Dich empfohlen. Gut. Du kannst in unser Kommando. Aber wenn Du abhauen willst, so sag' es gleich. Ich kann jetzt nichts auf meine Kappe nehmen."

Ich versicherte ihm, dass ich vorläufig nicht an Flucht dachte, und er war damit zufrieden.

Der Weg zur Arbeitsstätte war ein Genuss. Ich konnte wieder meine Glieder rühren und frische Luft atmen. Sobald wir das Städtchen verlassen hatten, zog der Schieber seine Pfeife heraus.

„Kann geraucht werden?" fragte er den neben ihm gehenden SS-Mann. Der kommandierte:

„In Marschkolonne!"

Das war das Zeichen dafür, dass die militärische Ordnung aufgehoben war. Wir konnten rauchen und miteinander sprechen.

Die Kameraden der Arbeitskolonne waren durchweg „Alte", seit Monaten schon in Schutzhaft. Viele hatten mehrere Lager hinter sich, ehe sie nach Hubertshof gebracht worden waren. August, der Schieber, suchte sich seine Leute sorgfältig aus. Die Kolonne hatte sowohl unter den Häftlingen, wie auch bei der SS einen besonderen Ruf. Sie war bekannt wegen ihrer Zuverlässigkeit, sie „stand".

Fritz ging neben mir und klärte mich auf. Das wichtigste sei, nicht aufzufallen. Ich sollte sofort heute abend, wenn wir zurück seien, andere Hosen anziehen, mir eventuell ein paar alte von einem anderen Häftling borgen. Einen Hut zu tragen, war ganz unmöglich. Es machte mich von vornherein zu einem „Intellektuellen" und zog die Auf-

merksamkeit der SS auf mich. Im Lager höchste Vorsicht!
Die Verwaltung hatte einen systematischen Spitzeldienst
in den einzelnen Kompagnien eingerichtet. Er nannte mir
die Namen der beiden Kalfaktoren meiner Kompagnie, die
„nicht sauber geschnitten" seien. Keinem Unbekannten
irgendetwas über den Grund meiner Verhaftung erzählen.
„Wenn Dich einer fragt, warum Du hier bist, so sag ihm,
Du hast zu einer alten Frau „Du" gesagt. Wissen Deine
Leute, wo Du bist?"
„Nein. Ich konnte noch nicht schreiben.'
„Schreib' heut abend. August wird es herausbringen."
Ich sah mich unwillkürlich nach dem Schieber um. Er
ging jetzt am Ende der Kolonne und war im Gespräch mit
einem SS-Mann der Wache. Fritz folgte meinem Blick.
„Du, der ist tacko, sag' ich Dir. Der hat sie alle in der
Hand."
Ich machte ein ungläubiges Gesicht.
„Verlass' Dich drauf. Der versteht, mit ihnen umzugehen.
Was der schon organisiert hat! Na, Du wirst es ja selber
sehen."
Nach zweistündigem Marsch hatten wir unseren Arbeits-
platz erreicht. Wir holten das Werkzeug aus der Baubude,
zündeten ein Feuer an und machten uns an die Arbeit.
Wir hatten nur drei Mann zur Bewachung mit.
Die Arbeit war mir zwar ungewohnt, aber nicht schwer.
Die SS kümmerte sich weiter nicht um uns, sas am Feuer
und unterhielt sich. Niemand trieb uns an, und das Ar-
beitstempo war dementsprechend.
Nach einer Stunde wurde gefrühstückt, wir verzehrten also
die erste Schmalzschnitte. Um 1 Uhr gab es „Mittagessen",
die zweite Schmalzschnitte, und um 3 1/2 Uhr machten
wir uns auf den Rückweg.
Der Schieber ging eine zeitlang neben mir.
„Partei?"
„Ja."

„Haste was Besonderes zu erwarten?"

„Vorläufig nicht. Ich müsste einen Brief schicken. Dann wär' alles in Ordnung."

„Heut abend läufst Du beim Zapfenstreich noch zur Latrine. Dort kannst'en mir geben. Aber die Adresse für sich auf ein Stück Zeitung. Kein Datum! Und wenn was dazwischen kommt, schmeisst Du alles in den Lokus."

Im Lager bekamen wir am Abend denselben Frass aus dem Kessel, den die Innenkommandos mittags erhalten hatten. Er war vom langen Stehen sauer geworden und eine halbe Stunde später setzte ein allgemeiner Sturm auf die Latrine ein. Durchfall.

Der sozialdemokratische Reichstagsabgeordnete arbeitete wie ein Verzweifelter.

„Direktor, warum meldest Du nicht?" herrschte ihn ein eintretender SS-Mann an.

„Was soll ich melden?" stammelte der „Direktor".

„Die Zahl Deiner Kunden!"

Der „Direktor" zählte hastig und meldete:

„Scheisshaus mit achtunddreissig Kunden belegt!"

Alles brach in lautes Gelächter aus. Der verängstigte Mann hatte nicht begriffen, dass die SS einen „Witz" mit ihm machte.

Ich ging in die Kompagnie, kletterte in die obere Pritschenreihe und schrieb an Walter. Er sollte die Liste an sich nehmen, die Partei benachrichtigen, meine Arbeit Otto übergeben. Ausserdem Käthe schreiben, dass sie auf keinen Fall meinetwegen zurückkommen dürfe.

Auf der Latrine wartete August, ich gab ihm Brief und Adresse.

In den folgenden Tagen erhielten wir Neuen die „Gleichschaltung", auch „Hindenburgspende" genannt.

Bei jedem Abendappell rief der diensttuende Unteroffizier die Nummern auf, die am nächsten Tage „verhört" werden sollten. Das Tagesquantum war durchschnittlich zehn Mann. Die Aufgerufenen hatten nach dem Wecken am Morgen vor dem Verwaltungsgebäude anzutreten und zu warten, bis sie nach oben gerufen wurden. Dieses Warten war ein wichtiger Teil der Zermürbungstaktik.

Die Kameraden meines Arbeitskommandos schilderten mir den Vorgang der Gleichschaltung und gaben mir Ratschläge, wie ich mich verhalten solle.

Ein riesenhafter Waldarbeiter, Richard Schütz, sagte zu mir:

„Sie schlagen Dich, bis Du in die Hosen scheisst. Sowie sie Dich über den Tisch ziehen, musst Du deshalb mit aller Kraft drücken. Wenn es ihnen zu sehr stinkt, hören sie auf."

Schütz stammte aus Schlesien und war in seiner Heimat berüchtigt und gefürchtet als Wilddieb und Schmuggler. Unzählige Male war er als Parteikurier über die polnische Grenze gegangen, ohne gefasst zu werden, bis ihm eine Mädchengeschichte zum Verhängnis wurde. Seiner Braut war hinterbracht worden, dass er fremd ginge, und aus Eifersucht verriet sie ihn den Nazis, als er mit illegaler Literatur unterwegs war.

„Lasst die Finger von den Weibern, Jungs", pflegte er zu sagen, „sie taugen allesamt nix."

Er sprach gern bei der Arbeit. Aber sowie er von seinen Jagdgeschichten anfing, kam es zwischen ihm und dem Förster Kummerer zu Reibereien. Kummerer konnte Schütz die Wilddieberei nicht verzeihen.

„Du bist mir ein feiner Genosse", höhnte Schütz, „een Prolet soll wohl keenen Hasenbraten essen dürfen. Das ist nur für die Kapitalisten, was?"

Die übrigen nahmen alle Partei für ihn. Kummerer war wütend auf Schütz und auf sich selbst. Seine Berufsehre lag in unaufhörlichem Konflikt mit seinem Klassenbewusstsein.

Die Gespräche drehten sich meistens um die Frage unserer Entlassung aus der Schutzhaft und um Erlebnisse aus früheren Lagern und Gefängnissen. Als ich ihnen sagte, dass ich aus Columbia komme, fragten sie kein weiteres Wort. Der Ruf Columbias war in jede Arbeiterfamilie, in jedes Zuchthaus und jedes Konzentrationslager gedrungen. Keiner in der Gruppe sprach über seine frühere Tätigkeit in der Partei und keiner deutete an, was er tun werde, wenn er wieder aus dem Lager heraus käme. Ueber diese Dinge sprach man nicht. Aber die Kumpels erzählten sich ausführlich, wie es ihnen auf den einzelnen Etappen der Schutzhaft ergangen war. Sie stritten, wo mehr geprügelt würde, in den kleinen oder in den grossen Lagern, sie erörterten sachlich, warum die gedrungenen SS-Leute bessere Schläger sind als die langen und sie lachten, wenn sie sich daran erinnerten, wie sie aus dieser und jener Klemme herausgekommen waren. Ich konnte es kaum ertragen. Erst später verstand ich, dass es keine Stumpfheit oder Resignation war, es war der überlegene Gleichmut von Menschen, die wissen, dass ihre Stunde kommen wird. Sie reagierten anders als die Intellektuellen, und ihre Reaktion war tausendmal gefährlicher für die Unterdrücker als jede individuelle Auflehnung. Sie konnten warten, jahrelang wenn notwendig. Es ging nichts verloren. Ihr Leben hatte sie erzogen, private, emotionelle Aktionen zu unterlassen und als Masse zu handeln. Einmal werden sie ihre Rache nehmen, systematisch und mit der Präzision eines Mahlwerkes. Es geht nichts verloren.

Zwischen Abéndessen und Appell hinkte ich in die Schuhmacherei.

„Kannst Du mir nicht schnell einen Nagel krumm schlagen?", fragte ich Felix, den Bernauer Genossen.

„Setz Dich und zieh den Schuh aus", sagte er.

Der Wachmann war in die Lektüre eines Abenteurer-Romans vertieft.

„Hier brauchst Du keine Angst zu haben. Der kümmert sich nicht um uns", sagte Felix leise. Lauter fragte er: „Was gab's denn heute in der Küche?"

„Kartoffeln und Kohl."

„Ah, Fusslappen. Wie schmeckt Dir denn unsere Sanatoriumskost?"

„Ein Schweinefrass."

„Da irrst Du Dich. Die Schweine fressen ihn nicht. Gestern wollten sie den sauergewordenen Kessel verfüttern, die Biester haben aber nicht gefressen. Von hier aus kannst Du alles wunderbar beobachten."

„Kriegt ihr denn was anderes?"

„Klar. Wir holen uns aus dem SS-Kessel."

„Euch scheint es hier ja ganz gut zu gehen?"

„Ich kann Dir sagen, hier sind die Druckposten. Die Schneider drüben haben es noch besser."

„Was macht ihr denn hier?"

„Alles, was die Herren brauchen. Hohe Stiefel, Koppel, Uniformen, Mützen. Gratis und franko. Das Material wird vom Lager gekauft. Da kannste Dir vielleicht vorstellen, was hier geschoben wird. Gestern habe ich zehn Zigaretten und dreissig Pfennig verdient."

„Wieso?"

„Oh, ganz einfach. Ich darf eigentlich nichts aushändigen. Die fertigen Sachen müssen in die Verwaltung abgegeben und dort von der SS bezahlt werden. Aber wenn einer kommt und mir zuzwinkert, geh' ich grad mal austreten, und dann nimmt er sie sich. Und für mich fällt dabei immer was ab. Kannst Du ein Handwerk?"

„Elektrotechnik."

„Dumm. Dafür haben sie vorläufig keine Verwendung. Aber ich werde schon sehen, wie wir Dich hier unterbringen. Hier bist Du gut aufgehoben."

In diesem Moment trat ein SS-Mann herein.

„Ah, der kann lange warten", flüsterte mir Felix zu.

„Stiefel fertig, Schuster?"

„Grad vor zehn Minuten fertig geworden. Ich bring sie gleich hinüber."

„Dauert mir zu lang. Ich nehm' sie selbst mit."

„Das kann ich schlecht machen. Ich hab' sie auf dem Namen."

„Ach Quatsch. Gib' her."

„Geht wirklich nicht. Sturmführer Spindler hat heute noch einmal strengstens angeordnet, dass alles durch die Verwaltung geht."

„Mensch, mach' keene Zicken. Gib' die Stiefel her", brüllte der SS-Mann jetzt wütend.

Die lesende Wache wurde aufmerksam und mischte sich ein.

„Weichel, Du weisst doch ganz genau, dass die Schuster nichts ausgeben dürfen. Es muss alles durch die Verwaltung gehen."

„So. Und das Speisezimmer in der Schreinerei? Geht das auch durch die Verwaltung? Und die Klubsessel für den Adjutanten?"

„Ich rate Dir im Guten, halt' die Fresse", schrie ihn die Wache an.

Fluchend ging der SS-Mann hinaus und schmetterte die Tür hinter sich zu.

Felix grinste vor sich hin.

„Warum hast Du ihm die Stiefel nicht gegeben?" fragte ich.

Sein Gesicht wurde hart.

„Der war einer von den Schlimmsten, wie sie den Hamburger umgebracht haben. Dem haben wir Rache geschworen."

„Wann war das?"

„Sind jetzt vier bis fünf Wochen her. Ein Bild von einem Mann, sag' ich Dir. Und ein Genosse! Soo!"

„Warum?"

„Wollte sich nicht gleichschalten lassen. Mir hat es ein SS-Mann vom zweiten Zug erzählt, der es mit angesehen hat. Ich erzähl' Dir's ein andermal. Jetzt ist gleich Appell."

An diesem Abend hatte „Schinderknecht" Dienst.

Sein richtiger Name war Meisel. Er hatte in der kaiserlichen Armee zwölf Jahre lang gedient, es bis zum Unteroffizier gebracht und war dann für seine treuen Dienste mit einem Posten als Zuchthausbüttel belohnt worden. Vor zwei Jahren hatte ihn die preussische Regierung Braun wegen Ueberschreitung der Altersgrenze pensioniert. Darin sah er eine persönliche Beleidigung, die er an den SPD-Häftlingen rächte. Wer der Ansicht wäre, dass sich der Mann mit 65 Jahren zur Ruhe gesetzt und seinen Lebensabend in Frieden verbracht hätte, kennt einen preussischen „Zwölfender" nicht. Er bot seine Dienste dem Lager an und erhielt den Rang eines Scharführers. Ohne Besoldung, allein „für die Ehre" drillte er vom Morgen bis in die Nacht die Häftlinge. Das Schikanieren von Gefangenen, das er jahrelang betrieben hatte, war ihm zur zweiten Natur geworden. Er war gehasst, aber trotz seiner unflätigen Schimpfereien und Drohungen besass er keine Autorität. Auch die SS sah ihn nicht als ihresgleichen an und machte ihn lächerlich, wo immer sie konnte.

Schinderknecht sollte an diesem Abend ein neues Arbeitskommando zusammenstellen und suchte sich die Leute aus verschiedenen Kolonnen zusammen. Als er zu uns kam, trat unser Schieber vor und meldete:

„Kommando Deich II, fünfunddreissig Mann, vollzählig."

„Du kannst mir mal durch die Kimme lecken, von wegen vollzählig!" schrie Schinderknecht.

„Du, Du, Du und Du, herüber zum Kommando Börwege."

„Die Deichverwaltung hat fünfunddreissig Mann angefordert, und wir können niemand aus der Kolonne abgeben", beharrte der Schieber.

Schinderknecht pflanzte sich vor ihm auf und schrie, dass ihm die Adern blau am Hals anliefen:

„Wo soll ich denn die Leute herholen? Soll ich sie mir aus dem Schwanz wichsen?"

„Herr Feldwebel", sagte der Schieber ruhig, „das kann niemand von Ihnen verlangen."

Schinderknecht wusste nicht recht, was er aus der Antwort machen sollte. Er betrachtete den Schieber misstrauisch, war aber durch die Anrede stark versöhnt. Auf „Herr Feldwebel" reagierte er immer.

„Wenn ich Herrn Feldwebel einen Rat geben dürfte", nutzte der Schieber die Lage aus.

„Na?"

„Es liegen noch zehn Mann im Bunker. Die könnten doch tagsüber arbeiten."

„Was sind das für zehn Mann?"

„Aus der dritten Kompagnie."

„Seit wann sind die im Bunker?"

„Seit vierzehn Tagen."

„Mal nachsehen. Wache!"

Ein Posten kam angelaufen.

„Uebernimm die Aufsicht. Ich bin gleich zurück."

Nach einer Weile brachte er die zehn Häftlinge an, notierte ihre Nummern für das neue Kommando und liess sie wieder in den Bunker zurückführen.

Von Fritz erfuhr ich nach dem Appell, dass der Bunker das Lagergefängnis war, bestehend aus einem fensterlosen, etwa neun Quadratmeter grossen Raum, in dem die Häftlinge auf dem Zementboden lagen — wenn Platz zum Liegen war.

Vor zwei Wochen waren in der „Dritten" Flugblätter über das Lager und seine berüchtigtsten Prügelhelden gefunden worden. Es hatte eine fürchterliche Serie von „Verhören" stattgefunden, aber niemand hatte ausgesagt. Um die Moral der Kompagnie zu brechen, liess der Sturmführer zehn Häftlinge einbunkern, mit der Drohung, dass sie nicht wieder herauskämen, bevor sich die Beteiligten gemeldet hätten.

Alle wusten, dass es ihm tödlicher Ernst war damit, tödlich im Sinne des Wortes. Die unerträgliche Bunkerhaft trieb mehr als einen Häftling zum Selbstmord. Diesmal war eine Gelegenheit da, die Eingesperrten wenigstens tagsüber herauszubekommen, und unser Schieber hatte sie wahrgenommen.

„Das hast Du gut gemacht", sagte ihm Fritz nach dem Appell.

„Mensch, das dicke Ende kommt erst. Lass' mal den Alten dahinterkommen, dass sie arbeiten. Ich muss vorbauen", erwiderte der Schieber.

Wie er „vorbauen" würde, wusste niemand. Er hatte seine Beziehungen.

Es kam tatsächlich so, wie der Schieber vermutet hatte. Als dem Sturmführer der Polizei-Abteilung am nächsten Tag gemeldet wurde, dass die zehn Mann aus der Dritten zur Arbeit bestimmt worden waren, machte er Schinderknecht einen Höllenkrach. Beim Appell am Abend kam dieser auf unseren Schieber zu und sagte grimmig:

„Da hast Du mir ja einen feinen Rat gegeben, Du dämlicher Hund. Jetzt hab' ich's richtig mit dem Alten verschissen."

„Herr Feldwebel, ich an Ihrer Stelle würde mit der Geschäftsabteilung sprechen. Es ist angeordnet, dass alle arbeitsfähigen Leute zum Aussendienst geschickt werden. Wir brauchen Geld", sagte der Schieber verantwortungsbewusst.

Schinderknecht, dem vor allem darum zu tun war, den Auftrag des Lagerkommandanten auszuführen und das neue Arbeitskommando vollzählig zusammenzustellen, biss zum zweiten Mal an.

„Mit wem denkst Du denn, dass ich sprechen soll?"

„Mit Sturmführer Spindler, unbedingt mit Spindler", ermutigte ihn der Schieber. Schinderknecht zog ab. Der Schieber sah ihm grinsend nach.

Dieser Kampf zwischen den beiden Sturmführern beeinflusste das ganze Lager, spaltete die SS-Offiziere in einen „radikalen" und einen „gemässigten" Flügel und war von grösster Bedeutung für das Schicksal jedes einzelnen Häftlings. Ohne seine Basis zu kennen, waren seine vielfältigen Aeusserungen unerklärlich und scheinbar rein persönlicher Natur. So sah zum Beispiel ein Teil der SS-Offiziere die Misshandlungen der Häftlinge bei der „Gleichschaltung" offensichtlich ungern. Als einer der Truppführer eines Morgens im Waschraum den blutunterlaufenen Rücken eines Verhörten sah, schüttelte er demonstrativ den Kopf. Ebenso war es bekannt, dass der Lagerkommandant die prügelnden Offiziere, die die „Verhöre" abnahmen, mehrmals bei ihrer Tätigkeit unterbrochen hatte, wenn ihm das Schreien der Geschlagenen zu lange dauerte. Die meisten Häftlinge erklärten sich diesen Unterschied, indem sie die einen SS-Offiziere zu den „anständigen Kerlen", die anderen zu den „Schweinen" rechneten. Bei der Arbeit am nächsten Tag kam die Rede darauf. Der Schieber unserer Kolonne hatte seine eigene Meinung.

„Wisst Ihr denn eigentlich, was das Lager darstellt?" fragte er uns, „das Lager ist eine Aktiengesellschaft, damit Ihr's genau wisst. Und wir sind das Kapital."

Ein paar lachten. „Da gibt's nichts zu lachen. Die Konzentrationslager in ganz Deutschland sind finanziell zu einer Gesellschaft zusammengeschlossen und müssen sich selbst tragen. Für jeden von uns zahlt die Heimatbehörde 1,50 bis 2,- Mark täglich. Und ausserdem kriegt die Verwaltung 50-80 Pfennig von den Unternehmern, an die sie uns verpachtet. Unser Lager muss für die Besoldung der SS-Offiziere und der Wache selbst aufkommen. Der Staat erklärt, er hat kein Geld. Natürlich ist die Verwaltung daran interessiert, jeden Häftling solang wie möglich zu behalten. Je mehr Häftlinge und je weniger invalide, umso grösserer Reibach. Was denkste, was dem Spindler in der Geschäftsabteilung daran liegt, ob wir jeden Tag Hindenburgspende bekommen oder nicht. Wenn nur die SS nicht so prügeln wollten, dass die Häftlinge für Wochen arbeitsunfähig sind. Das reisst immer gleich ins Geld. Ich kann Euch mindestens zwanzig Fälle nennen, wo die Ortspolizei die Entlassung beantragt hat. Die haben ooch keene Moneten und wollen nicht ewig zahlen. Aber die Geschäftsabteilung schreibt zurück, der Häftling hat sich schlecht geführt und ist noch nicht entlassungsreif. Und das schreiben sie, ohne den Mann überhaupt zu kennen."

Der Schieber hatte recht. Jetzt da ich den Schlüssel hatte, konnte ich die Differenzen zwischen den ,,anständigeren" Elementen in der SS und den Schlägern als eine Form wirtschaftlichen Existenzkampfes erkennen. An dem Lager hing ein Schwarm von Parasiten: mindestens dreissig SS-Offiziere und nicht weniger als hundertfünfzig SS-Leute. Sie wären grösstenteils arbeitslos gewesen und hätten von der elenden staatlichen Unterstützung leben müssen, wenn ihnen nicht das Lager Macht und Erwerbsmöglichkeiten geboten hätte.

Ein Teil der SS-Offiziere gehörte der Geheimen Staatspolizei an und wurde staatlich besoldet. Das waren die Schläger, die die Häftlinge wochenlang in den Bunker sperrten und bei den Verhören furchtbar misshandelten, die ,,Radikalen", die an der dauernden Existenz des Lagers nicht interessiert waren und ihren Gefühlen freien Lauf lassen konnten. Ihrem Einfluss unterlag natürlich auch ein Teil der SS-Wache, der ihr Schneid imponierte.

Die anderen aber, die ,,Gemässigten", wollten aus dem Lager und den Häftlingen eine dauernde Unterhaltsquelle machen. Ihnen war es unangenehm, wenn Gerüchte über die Misshandlungen nach draussen drangen und die Bevölkerung erregten. Sie wollten „Ruhe und Ordnung" im Lager haben, Stabilisierung, 2,50 RM pro Häftling am Tag, und ihr Gehalt, verbessert durch jede erdenkliche Durchstecherei und Korruption.

Von dieser Korruption konnten die Genossen in den Handwerkerstuben ihr Teil erzählen. Nachdem sie Vertrauen zu mir gefasst hatten, kamen sie damit heraus.

„Kall hat heute schwer getobt. Die Haut Schuhleder, die er vor acht Tagen gekauft hat, ist alle, und es sind nur für vier Paar Sohlen Abrechnung da. ‚Das ist ja eine Bande von Spitzbuben! Jeder klaut soviel er kann. Wo soll denn das hinführen', hat er geschrieen. Aber seine Stiefel sind ooch bei den unbezahlten dabei gewesen." So berichtete mir Felix aus der Schuhmacherei.

Ein dicker Schreiner erzählte mir mit Behagen die Geschichte der Wohnungseinrichtung des Kommandanten: „Zuerst wurde Eiche gekauft, massives Nutzholz, verbucht als Baumaterial fürs Lager. Ich kriege die Masse schriftlich und fange an. Esszimmer, Tisch, Stühle, Porzellanschrank, Buffet. Wir arbeiten mit fünf Mann daran. Nach acht Tagen wird dazu noch ein Schlafzimmer bestellt. Der Kommandant kommt jeden Tag und bekiekt sich die Geschichte und hat es furchtbar eilig. Aber wie ich die Klamotten fertig habe, werden sie nicht abgeholt. Ich melde der Verwaltung einmal, zweimal, dreimal. Nichts geschieht. Die Dinger stehen mir im Wege herum, ich kann nicht weitermachen, schliesslich frage ich selbst den Kommandanten, warum die Zimmer nicht abgeholt werden. „Noch ein paar Tage", meent er, „wir sind gerade im Umzug und ich weiss noch nicht, wie die Möbel passen werden." Nanu, denk' ich, gerade im Umzug. Der ist doch erst vor zwei Monaten in seine neue Wohnung gezogen. Es vergeht noch 'ne Woche. Dann kommt er zu mir und sagt: „Hören Sie mal, Kuleke, furchtbar dumme Geschichte. Aber ich kann die Möbel nicht brauchen. Wir haben eine

70

grössere Wohnung genommen, die teilweise möbliert ist und dazu passt Eiche nicht. Meine Frau möchte kaukasisch Nussbaum haben. Was machen wir jetzt?" „Ach", sag' ich, „Herr Kommandant, ganz einfach, dann machen wir halt kaukasisch Nussbaum." „Ja", meent er, „aber ich hab' doch jetzt die Auslagen für die anderen Zimmer" -- noch keene fünf Mark Auslagen hatte er, Arbeitslohn zahlt er nicht und das „Bauholz" zahlt das Lager -- „das wird mir ein bisschen zu viel. Und dann muss ich das Holz wieder kaufen." Wieder, sagt er, w i e d e r k a u f e n. Ich merk' schon, wie der Hase läuft. „Herr Kommandant, sag' ich, verkaufen Se doch die Eiche oder vertauschen Sie se gegen Nussbaum." „Daran hab ich auch schon gedacht; meent er, „aber wer zahlt einem heute den Preis für so'ne gediegene Einrichtung? Wissen Sie jemand?" „Tja, sag ich, ich wüsste schon jemand, aber die Sach hat 'en Haken." „Nur heraus damit", meent er. „Herr Kommandant, sag ich, wenn Se bei einem Ihr Geld kriegn, dann bei Möbelstrauss in der Marktgasse." „Dumme Geschichte", meent er, „ich hab meiner Frau schon gesagt, das können wir nicht machen. Der Strauss ist doch ein Jude." „Det is der Haken", sag ich. „Dumme Geschichte, dumme Geschichte!", meent er kopfschüttelnd.

Am nächsten Tag kommt er wieder. „Kuleke", meent er, „Sie kennen den Strauss?" „Herr Kommandant", sag ich, „seit 30 Jahren." „Hm", meent er, „ich hab' mit meiner Frau gesprochen. Sie ist dafür. Aber es darf niemand erfahren. Wissen Sie was, ich nehme Sie heute Abend in meinem Wagen mit, und Sie sprechen mit dem Strauss. Aber die Möbel gehören dem Lager, nicht mir, Sie verstehen. Ich denke, dreihundert Mark und das Nussbaum ist nicht zu viel verlangt!"

Am Abend lässt er mich von seinem Chauffeur holen und wir fahren in die Marktgasse. „Wir warten ein Stückchen weiter oben", meent er.

Ich gehe rin zu Strauss.

„Ach, Herr Kuleke", ruft die Olle. „Sieht man Sie auch mal wieder. Das freut einen, wenn die alte Kundschaft noch den Weg zu uns findet."

„Guten Abend ooch, Frau Strauss", sag' ich, „Herr Gemahl zu Hause? Bin en bisschen eilig."

„Sofort, sofort", meent se und ruft den Ollen. Det is en braver Mann, kann ich nicht anders sagen, hat mir manchmal ausgeholfen, ohne dass sie es wusste.

„Freu' mich, Sie wiederzusehen, Herr Kuleke", meent er. „Alles gut überstanden?"

„Es geht", sag' ich, „hören 'se, Herr Strauss; ich hab' Ihnen en Geschäft zu offerieren. Ich hab' en Esszimmer und en Schlafzimmer, massiv Eiche, prima Verarbeitung. Dafür liefern Sie mir kaukasisch Nussbaum für dieselben Zimmer und zahlen dreihundert Mark drauf."

„Kann ich nicht machen, Herr Kuleke", meent er, „wer kauft bei mir noch. Sie wissen so gut wie ich, was vorgeht."

„Herr Strauss", sag' ich, „es ist nicht für mich. Unten wartet der Lagerkommandant."

Sie fahren beide hoch, sie läuft ans Fenster und guckt durch den Vorhang.

Aber er sagt: „Ich kann's nicht machen, und ich will's nicht machen."

„Jakob", beschwor sie ihn, „mach' und nicht unglücklich. Nimm die Möbel. Wer weiss, wofür's gut ist."

Er sagte kein Wort mehr und der Kommandant bekam sein Geld."

III.

SONNTAG IM LAGER

Der Sonntag war von allen Tagen der bitterste. Die Aussenkommandos blieben im Lager, wo kein Platz für sie war. Die SS-Offiziere fuhren in ihren neu erworbenen Automobilen weg, ein Teil der Wache hatte Urlaub und kam erst am Montag früh zurück. Der Sonntag gehörte Schinderknecht. Er begann ihn um 5 1/2 Uhr morgens mit dem Kommando:
,,Morgenandacht! Bettenbauen!"
Wir hatten die Decke auf unseren Pritschen so zu falten, dass sechszehn graue Streifen oben lagen. Aber die Hauptsache war, wie sie lagen! Das Bett musste gebaut sein, das heisst in der Mitte so hoch wie am Kopf- und Fussende. Das war bei der Enge der Pritschen und den plattgedrückten Strohsäcken eine unendlich mühsame Arbeit. Von der Seite aus war nicht heranzukommen, ohne das Bett des Nebenmannes zu betreten. Man musste am Kopfende beginnen und mit grösster Geduld und Vorsicht Zentimeter um Zentimeter zurückrutschen, bis man vom Gang aus

dem Ganzen die letzte Politur geben konnte. Schinder-
knecht schritt mit geübtem Auge durch die Keller und
machte Stichproben. Mit einer Elle, die er sich aus der
Schneiderstube besorgt hatte, mass er nach, und wo ein
Streifen fehlte oder quer lag, stiess er mit dem Fuss die
Arbeit einer Stunde zusammen. Hatte er sämtliche Schlaf-
säle durch, so gab es die alltägliche Morgenbrühe und den
Klumpen Brot. Aber meistens kamen wir nicht dazu, in
Ruhe zu essen. Seine Trillerpfeife tönte:
„Stiefelappell!"
Die geputzten Stiefel in der Hand — womit sie geputzt
waren, war unsere Sache — mussten wir draussen im Hof
antreten, und Schinderknecht ging die Reihen durch.
„Hast Du gedient?", pflegte er zu fragen, wenn ein Häft-
ling die Stiefel nicht nach dem preussischen Reglement
vorzeigte.
„Das sieht man. Na, ich werde es euch noch beibringen.
Wir haben ja Zeit."
Nach dem Stiefelappell jagte er uns in den Speisesaal.
Gehen durfte man nicht. Wenn Schinderknecht auf dem
Hof war, musste sich alles im Laufschritt bewegen. Der
Speisesaal war viel zu klein, um alle Häftlinge zu fassen.
Zweihundert konnten sitzen, fünfhundert und mehr stan-
den an den Wänden und zwischen den Tischen herum,
versuchten ihre Lumpen zu flicken oder brüteten vor sich
hin. In der Regel kam nach einer Viertelstunde ein zweiter
Befehl:
„Löffelappell."
Wieder standen wir draussen im Hof, den Blechlöffel in
der Hand, wieder ging Schinderknecht die Reihen ab und
zeigte uns, wie ein preussischer Soldat den Löffel zu putzen
und vorzuzeigen hat. Nach dem Löffelappell kam der Essnapfappell, nach dem Essnapfappell hatten wir die Schlafsäle der SS, die Wachtstuben, die Treppen, den Hof, die
Strasse vor dem Lager zu reinigen, Kartoffeln zu schälen

und die Aborte auszuleeren. So verging der Sonntag-Vormittag. Schinderknechts Zuchthaus-Tätigkeit hatte ihn gelehrt, dass für die Korrektur von Verbrechern nichts so gut ist, wie ununterbrochene Beschäftigung. Müssiggang ist aller Laster Anfang!, war sein Lieblings-Sprichwort, und wenn er guter Laune war, setzte er hinzu: Hoch das Bein, das Vaterland soll leben!

Nach dem Mittagessen hielt er ein Schläfchen. Es war die einzige Stunde, in der wir vor ihm Ruhe hatten. Wir drückten uns möglichst dicht an der Hofseite zusammen, die durch den Bretterzaun abgeschlossen war. Durch die Ritzen konnte man draussen auf der Strasse die Vorübergehenden sehen.

Die Frauen der Häftlinge wussten trotz der monatelangen Besuchs- und Briefsperre, was im Lager vorging. Wenn wir am Abend von der Arbeit zurückkamen, ging es oft flüsternd durch die Reihen:

,,Die Priegnitzer sind da.''

Mit möglichst unbefangenen Gesichtern, ihre Räder vor sich herschiebend, kamen die Arbeiterinnen unserem Zug entgegen und hingen mit den Augen an den Gesichtern ihrer Männer und Väter. Ein paar Schritte — und der Zug war vorüber. Für die wenigen Augenblicke waren sie stundenlang in der Kälte unterwegs gewesen.

Von ein paar nahen Wohnhäusern aus konnte man den Lagerhof übersehen. Ein älteres sozialdemokratisches Ehepaar, das dort wohnte, fürchtete sich nicht, fremde Frauen zu sich ins Haus zu lassen und ihnen ein Fernglas zu geben, mit dem sie den Hof nach ihren Angehörigen absuchen konnten.

Die beste Nachrichtenquelle aber war die SS, wenn sie im Suff in den Hubertshofer Kneipen zum besten gaben, wie sie Juden und Marxisten im Lager gleichschalteten. Am nächsten Tag gingen die Geschichten von Mund zu Mund. Die Frauen kannten auch den üblichen Verlauf eines Sonntags und wussten, wann Schinderknecht vom Hof verschwunden war. Auf diese Stunde hatten sie in der Nähe des Lagers gewartet. Von ein Uhr an bewegte sich ein Zug an dem Bretterzaun vorbei, nicht zu dicht, um nicht von dem Posten weggejagt zu werden, nicht zu schnell, um nicht den Augenblick zu verfehlen, für den sie aus ihren Städten, Dörfern und Höfen gekommen waren. Sie konnten keinen Augenblick stehen bleiben. „Weitergehen!" drohten ununterbrochen die Posten vor dem Lager. Dann gingen sie, aber an der Strassenecke kehrten sie um und kamen zurück, langsam, möglichst langsam, vielleicht glückte es diesmal, das geliebte Gesicht hinter dem Stacheldraht zu sehen. Sie hatten keine Angst vor den machttrunkenen Burschen mit dem entsicherten 08 in der Hand, sie steckten sich kein Hakenkreuz an, um sie freundlich zu stimmen, sie sprachen nicht mit ihnen, sie würdigten sie keiner Bitte.

An einer Stelle hatten Häftlinge eine Planke des Zaunes zur Seite geschoben. Jeder von uns hätte gern dort gestanden, aber wir waren Hunderte. Das einzige, was wir tun konnten, war, im Kreis im Hof herum zu gehen, so dass jeder einmal an der Spalte vorbeikam. Langsam schoben sich die zwei Schlangen an den beiden Seiten des Zaunes vorbei. Gesicht auf Gesicht tauchte für eine Sekunde auf und verschwand hinter dem Bretterzaun.

Um zwei Uhr kam Schinderknecht wieder zum Vorschein, unzufrieden mit sich und der Welt. Er nahm sich die unpreussische Schwäche, am hellen Sonntag eine Stunde zu schlafen, immer übel, und seine Seele fand ihr Gleichgewicht erst wieder durch vier Stunden militärischer Uebungen. Wenn um 6 Uhr sich auf sein Kommando siebenhundert Mann wie an der Schnur gezogen in den Dreck warfen, kam ein warmer Klang in seine Stimme, fast freundlich klang sein Kommando:

„Schon besser. Noch einmal: Auf! Nieder! Auf! Nieder!"

76

An einem Sonntag Vormittag, wir standen draussen in der Kälte und warteten, bis Schinderknecht siebenhundert Paar Stiefel nachgesehen hatte, kam ein SS-Mann von der Wache mit einem schwarz gekleideten Herrn, der den diensttuenden Offizier zu sprechen wünschte. Schinderknecht ging mit ihm ins Verwaltungsgebäude. Als er zurückkam, fragte er uns nach unserer Konfessionszugehörigkeit. Ein ansehnlicher Teil der Häftlinge war evangelisch, ein kleinerer Teil katholisch und jüdisch, die Mehrzahl konfessionslos, Freidenker, aus dem Kirchenverband ausgetreten.

Schinderknecht teilte uns mit, dass der katholische Geistliche in Zukunft jeden Sonntag-Nachmittag eine Sprechstunde abhalten werde, verbunden mit einem kurzen Gottesdienst.

„Wer will daran teilnehmen?"

Niemand meldete sich. Schinderknecht wiederholte seine Frage, aber auch jetzt trat keiner der Häftlinge vor. Damit schien die Seelsorge im Lager erledigt zu sein. Am nächsten Sonntag wartete der katholische Hirte vergebens auf seine Schafe.

Aber er liess sich nicht entmutigen und erwirkte bei der Lagerverwaltung die Erlaubnis, vor den Katholiken sprechen zu dürfen. „Siehe, es wird im Himmel mehr Freude sein über einen Sünder, der Busse tut, denn über neunundneunzig Gerechte, die der Busse nicht bedürfen", war das Motiv seiner Predigt.

Er sprach wirkungsvoll. Die Häftlinge interpretierten die Wahl des Bibeltextes als eine Spitze gegen die Deutschen Christen und freuten sich. Als der Priester versprach, sich um ihre Angehörigen zu kümmern, erklärten sich dreizehn Mann bereit, am Sonntags-Gottesdienst regelmässig teilzunehmen.

Die SS sah diesen Erfolg der katholischen Kirche höchst ungern. Sie bestellten einen jungen evangelischen Pfarrer von Hubertshof, Pg. Köhler, vor dem am nächsten Sonnabend alle Protestanten antreten mussten. Köhler hielt eine schneidige Predigt über die Rückkehr des deutschen Volkes zur wahren Religion unter seinem Führer Adolf Hitler. Auch wir Häftlinge seien Volksgenossen, verführt von marxistischen und jüdischen Hetzern. Jetzt, da sich wieder einmal die ganze Welt gegen das friedliebende deutsche Volk vereinige, dürfe keiner mehr abseits stehen. Trotz der allmächtigen braunen Uniform des Vertreters Gottes auf Erden rührte sich kein Häftling vom Platz, als Pg. Köhler diejenigen vortreten hiess, die sich von der neuen Kirche betreuen lassen wollten. Auch als seine Aufforderung in Form einer kaum verhüllten Drohung wiederholt wurde, blieb alles still. Der uniformierte Pfaffe zog ab und überliess es Schinderknecht, uns die neudeutschen Formen der christlichen Liebe näherzubringen.

Die Schlappe des Nazi-Pfarrers war Tagesgespräch im Lager. Die SS konnte sie nicht auf sich sitzen lassen. In der darauffolgenden Woche verbreiteten die Spitzel die Nachricht, nach dem evangelischen Gottesdienst am Sonntag werde Tabak verteilt werden. In der Tat, ein paar Neugierige, die sich zur Predigt eingefunden hatten, kamen mit einer Tüte Grobschnitt zurück. Das schlug durch. Zum nächsten Gottesdienst fanden sich zweihundert Gläubige ein, dem Wort des Herrn zu lauschen, Protestanten, Katholiken und Freidenker. Der Deutsche Christ war dieser religiösen Welle nicht gewachsen und musste statt Tabak Aepfel und Nüsse verteilen, die er eilig von zu Hause holen liess. Eine Nuss oder einen halben Apfel pro Häftling. Bei ihrer Rückkehr wurden die ,,Kirchgänger'' mit Hohn und Spott überschüttet. Sie waren eine Woche lang die Zielscheibe fauler Witze, und als sich die Kirchengemeinde am nächsten Sonntag vor der Sanitätsstube, dem würdigen Ort religiöser Erbauung versammelte, war sie wieder auf zwanzig Mann zusammengeschmolzen.

In der Folge begann ein hartnäckiger Kampf zwischen dem katholischen und dem evangelischen Pfarrer um die Seelen der Häftlinge. Ehrwürden Zimmermann war persönlich dem Pg. Köhler so überlegen, wie Brüning dem Baldur von Schirach. Aber Köhler konnte den Mangel an Verstand durch die Autorität der Lagerverwaltung, der SS und des Reichsbischofs Müller weitgehend ersetzen. Auch die katholische Kirche erkannte im Verlauf dieses Wettbewerbs, wie förderlich Tabak auf das religiöse Empfinden wirkte, und sie kompensierte ihr politisches Handicap erfolgreich mit einer besseren Qualität Feinschnitt, aus der sich Zigaretten drehen liessen.

IV.

FLUCHT

An einem dieser trostlosen Sonntage fand ich den Häftling Kirsch nach dem Exerzieren weinend auf seiner Pritsche liegen.

„Was ist los? Warum weinst Du?"

Er antwortete erst nicht, und ich musste ihm lange zureden, bis er aus sich herausging.

„Ich halte es nicht mehr aus. Ich haue ab. Ganz egal, was draus wird", sagte er schliesslich.

Ich fuhr ihn grob an:

„Du bist verrückt. Wie willst Du von hier türmen? Sie warten nur auf so eine Gelegenheit."

Er schüttelte den Kopf und sagte nichts mehr. Ich versuchte ihm den Gedanken auszureden und machte ihm klar, wie unsinnig sein Vorhaben sei. Aber alles, was er darauf erwiderte, war:

„Ja, ja, Du hast recht. Ich weiss das selbst. Aber ich halte es nicht mehr aus."

Ich besprach mich mit Fritz und dem Schieber und wir beschlossen, Kirsch in unser Arbeitskommando zu nehmen, um ihn unter den Augen zu haben und vor dem Zusammenbruch zu bewahren.

In derselben Nacht versuchte Kirsch durch den Stacheldraht des Lagerhofes zu kriechen, wurde aber von dem SS-Posten gestellt. Der Posten war ein süddeutscher Bauernsohn, der, Gott weiss wie, hierher ins Lager verschlagen worden war. Er erzählte den Vorgang einem seiner Kameraden vom ersten Wachzug, und von diesem erfuhr es unser Schieber noch am gleichen Abend nach der Arbeit. Wir richteten es ein, zum Fegen der Wachstube kommandiert zu werden, um mit Hilfe des Verbindungsmannes den Posten selbst zu sprechen.

,,Ich wees selbschd net, was ich mache soll. Soll ich 'en melde oder net. Er dauert mich jo, aber wenn's erauskommt, bin ich drahn. Ich stehn im Schilderhais'che und uff emohl her ich ebbes raschbele am Drohd. Heh do, honn ich geruf, ich glaab, De hoscht Dich in de Richdung geerrt. Ich bin uf'en zugesprung un hon'en am Schlaffitche genomm. Er hot ganz ruhig do gestann und nix gesahd. Wie ich mein Daschelämbche angeknipst hon, siehn ich, dass er heild. Er hot mich gedauerd. Mach, dass De eninn kommscht, sahd ich zu 'em. Do hot er de Kopp geschiddelt. Ich muss heem, sahd er, mei Fraa kommt net alleen erum. Es is nix geplanzd for de Winder. Ich hon zwee kleene Kinner, sahd er, ich muss heem. Es war mer jo selbschd for e Momend net eenerlee, awer Dienschd is Dienschd. Wenn De's Maul häldschd, honn ich 'em gesahd, will ich die Sach net melde. Jetzt mach Dich eninn. Do is er dann gang.''

Der Schieber versicherte dem Posten, dass niemand etwas von der Geschichte erfahren würde, wenn er selbst darüber schwiege, und der Posten versprach, keine Meldung zu machen. Beim Dienstag-Abend-Appell sollte Kirsch in unser Kommando kommen. Einer von uns wollte zu Deich I hinüberwechseln, wo er einen Kumpel aus seiner Heimat hatte. Kirsch schien damit einverstanden zu sein. Aber es kam alles anders.

Gegen 11 Uhr am Dienstag Vormittag rasten zwei SS-Posten auf Motorrädern heran, die Karabiner umgehängt, und besprachen sich hastig mit unserem Postenführer. Der zog die Trillerpfeife heraus und pfiff uns zusammen.

„Antreten! Antreten!" schrie er nervös.

Es war dicke Luft.

„Abzählen!"

Wir waren vollzählig.

„Abrücken!"

Wir marschierten im Eilschritt zurück zum Lager. Unterwegs sickerte es durch, dass ein Häftling geflohen war: Kirsch!

Im Lager empfing uns eine wüste Aufregung. Die Flucht eines Gefangenen hatte die SS in Panik versetzt. Die Posten waren verdoppelt, die Häftlinge in die Schlafsäle getrieben und eingesperrt. Mit allen verfügbaren Automobilen, Motor- und Fahrrädern wurde auf den entflohenen Kirsch Jagd gemacht. In den Schlafsälen hörten wir nähere Einzelheiten. Kirsch war in einem unbeobachteten Augenblick im Wald verschwunden. Selbst die Häftlinge der Arbeitskolonne merkten erst nach einer Weile, dass er nicht da war. Man rief und suchte nach ihm, bis die Posten begriffen, dass er geflohen war. Jetzt glaubten sie, es mit einem Komplott der ganzen Arbeitskolonne zu tun zu haben, rissen die Karabiner von den Schultern und trieben die Häftlinge im Dauerlauf durch die beiden benachbarten Dörfer ins Lager zurück. Die Bevölkerung sah verstört und scheu auf die unheimliche Herde gefangener Menschen, die mit erhobenen Händen vorüberhastete. Alle Arbeitskommandos wurden sofort zurückbefohlen. Auf dem Hof hörte man den Kommandanten den Posten zubrüllen:

„Das Lager wird unter allen Umständen gehalten!"
Als nach ein paar Stunden die ersten Streifen erfolglos
zurückkehrten, wurde Generalappell befohlen. Jeder Häftling aus Kirsch's Kompagnie hatte nach Anruf einzeln vor-
zutreten und zu berichten, was er über den Entflohenen
wisse, ob er mit ihm näher bekannt gewesen sei, ob Kirsch
seine Fluchtpläne geäussert habe. Die ganze Kolonne, in
der Kirsch gearbeitet hatte, bekam auf unbestimmte Zeit
verschärften Bunker, zwei Schnitten Brot und zwei Becher
Wasser täglich, ohne die sonst gewährte halbe Stunde Freizeit am Abend. Zugleich wurden die Arbeits- und Lebensbedingungen für alle Häftlinge verschlechtert. Austreten
während der Arbeit war nicht mehr erlaubt.
„Scheisst Euch in die Stiefel, Ihr Ganoven. Ihr verdient
es nicht, dass man Euch wie Menschen behandelt", schrie
der diensttuende Offizier. Rauchen während der Arbeit
und Kartenspielen am Abend wurde verboten, die Früh-
stücksstulle um 10 Uhr gestrichen, drei aufeinanderfol-
gende Sonntage als Fasttage angesetzt.
Wer an diesem Tag durch die geringste Kleinigkeit auffiel,
wurde von den Offizieren und Mannschaften rücksichtslos
geprügelt.
Die Kalfaktoren hatten Auftrag, die Helfershelfer des
Kirsch in und ausserhalb des Lagers zu ermitteln. Die Verwaltung war überzeugt, dass ein sorgsam von langer Hand
vorbereiteter Plan bestanden hatte. Aber die amtliche Untersuchung und die Spitzeltätigkeit blieben ohne Erfolg.
Kirsch galt als schweigsamer, zurückhaltender Mann, der
keine näheren Freunde hatte und dem niemand die Tat
zugetraut hätte.
Am nächsten Abend liess der Kommandant durch seine
Vertrauensleute das Gerücht verbreiten, die Strafbestim-
mungen würden zurückgezogen, wenn Kirsch sich frei-
willig stelle oder mit Hilfe der Häftlinge gefasst werden
könne. Wer seinen wahrscheinlichen Aufenthaltsort an-

gebe, werde sofort entlassen. Schinderknecht unterstrich diese Nachricht beim Wecken am Morgen.

„Das sage ich Euch, wenn der Kerl gefasst wird, dann ist es Eure Sache, ihm das Fell vollzuhauen, bis er sich nicht mehr rührt. Der Kommandant weiss, dass Ihr nichts mit ihm zu tun habt. Aber er muss die Verschlechterungen durchführen. Ihr könnt Euch bei dem Schuft bedanken, dass Ihr jetzt weniger zu fressen kriegt. Und das ist erst der Anfang. Die Hauptsache kommt noch."

Die Stimmung unter den Häftlingen, die anfangs trotz der üblen Folgen der Flucht allgemein für Kirsch war, begann unter dieser Taktik der Verwaltung allmählich umzuschlagen. Geschickt durch die Provokateure geschürt und verbreitet, hörte man jetzt öfter die Ansicht:

„Eine Gemeinheit, uns alle in so eine Sauerei zu bringen. Was wir aushalten, kann er doch auch aushalten. Das ist keine Kameradschaft, so handelt kein Arbeiter."

Die Mehrzahl, die nach wie vor in Kirsch's Flucht eine Schlappe der SS und einen moralischen Sieg der Häftlinge sah, konnte ihre Sympathie mit seiner Tat natürlich nicht ausdrücken. Als wir am Abend von der Arbeit kamen, war die Stimmungsmache gegen Kirsch weiter fortgeschritten. Jetzt erzählte man schon, er sei gar kein Politischer, sondern ein Krimineller, und habe ein paar Jahre wegen Diebstahl gesessen. Und der Kommandant möchte lieber heute als morgen die Strafen zurücknehmen, wenn er sicher wäre, dass niemand hinter Kirsch stehe.

„Ich bin doch neugierig, hat er in der Schneiderstube heut nachmittag gesagt, ob die Häftlinge soviel Ehrgefühl haben, und von diesem Strolch abrücken. Wenn ich das sehe, lass ich mit mir sprechen. Andernfalls muss ich noch ganz andere Seiten aufziehen", erzählte ein Kalfaktor in unserer Kompagnie.

Unsere einzige Hoffnung war, dass Kirsch durchkäme. In drei Tagen konnte er, selbst wenn er nur nachts wanderte, zu Fuss die Grenze erreichen. Als wir am Morgen des dritten Tages abrückten, ohne dass Nachricht von ihm da war, glaubten wir ihn in Sicherheit. Bei der Rückkehr am Abend stand Kirsch gefesselt im Lagerhof, das Gesicht bis zur Unkenntlichkeit angeschwollen. Er war bereits bei seiner Einlieferung von Häftlingen aus den Handwerkerstuben geschlagen worden.

Die Provokation erreichte ihren Höhepunkt, als der gefürchtetste Sturmführer den Abendappell persönlich leitete.

„Die Verwaltung betrachtet die Bestrafung des Kirsch als Sache der Häftlinge und wird sich nicht hereinmischen. Aber sie erwartet eine so gründliche Aktion, dass jedem die Lust vergeht, seinem Beispiel zu folgen. Wir geben Euch die Freiheit der Selbsthilfe und hoffen, dass Ihr den richtigen Gebrauch davon macht."

Zwölf bis fünfzehn Mann standen hinterher mit SS-Leuten zusammen, und Kalfaktoren eilten geschäftig zwischen ihnen und dem Verwaltungsgebäude hin und her. Sie organisierten das Exekutionskommando. Unser Schieber sammelte ein paar der zuverlässigsten Genossen auf der Latrine, um zu beraten, wie wir Kirsch schützen könnten. Wir wollten durch Schinderknecht die Verwaltung wissen lassen, dass die Kommune in der 8. Kompagnie darauf brenne, Kirsch eine Abreibung zu geben. Die Verwaltung sollte Kirsch der Achten übergeben. Dort sollte dann eine Gruppe den Eingang gegen Elemente aus anderen Kompagnien sichern. Für die beiden Spitzel in unserer Kompagnie musste eine Scheinprügelei inszeniert werden, was nicht schwer sein konnte, wenn wir Kirsch oben in die dritte Reihe legten und in der Dunkelheit auf den Strohsack schlugen. Das schien die einzige Chance zu sein, ihn zu retten. Der Schieber ging auf die Suche nach Schinderknecht, wir sammelten unsere besten Genossen und weihten sie in den Plan ein.

Die Wache hatte schon Zapfenstreich geblasen, als der

Schieber zurückkam. Es war nichts zu machen. Auf Anordnung des Kommandanten war Kirsch in die Zweite gelegt worden, gleich vorn an den Eingang, so dass er vom Hauptflur gesehen und leicht erreicht werden konnte. Die Spitzel waren dabei, jede Aktion zu seinen Gunsten zu unterbinden. Wer Kirsch verteidige, werde genau wie er behandelt werden, ging es von Bett zu Bett. Der Posten am Eingang der Schlafsäle war an diesem Abend zurückgezogen. Um 7 1/2 Uhr gingen die Lichter aus. Es war Totenstille. Um 8 Uhr machte „der Alte" die Runde. Es war das erste und das einzige Mal, dass man ihn hier unten sah. Ohne ein Wort zu sagen, ging er langsam durch alle Kompagnien.

Mit angespannten Sinnen lagen wir in der Dunkelheit. Niemand konnte schlafen. Nie war es so unheimlich gewesen in den Kellern.

So vergingen wohl anderthalb Stunden, als plötzlich durchgesagt wurde, dass einer von unseren beiden Spitzeln aus dem Schlafsaal geschlichen sei.

In dem fahlen Licht des Hauptganges, das vom Hof her durchschimmerte, sah man, wie sich nach und nach eine Gruppe in Unterhosen und Strümpfen vor der zweiten Kompagnie sammelte, Riemen, Koppel und Latten in der Hand. Ein halblautes Kommando. Sie stürzten sich auf Kirsch's Bett.

„Hilfe! Hilfe!", schrie der Mann in Todesangst. Dann hatten sie ihm die Decken über den Kopf gewickelt und stumm gemacht. Man hörte die hastigen Schläge. Die Pritsche war zu eng. Sie hinderten sich gegenseitig. Lautlos, wie sie gekommen waren, verschwanden sie wieder. Die Kompagnien lagen totenstill.

Nach einer halben Stunde kamen sie zum zweiten Mal.

„Feige Hunde!" rief ein Häftling aus der Vierten herüber. In einer Sekunde hatten sie ihn aus dem Bett geholt und im Flur niedergeschlagen. Dann rissen sie Kirsch auf den

Gang, warfen ihm eine Decke über den Kopf und schlugen
auf ihn ein, wie auf ein Stück Holz.
„Hilfe! Hilfe! Hilfe!", wimmerte der Erstickende.

Ein Kommando — und wieder waren sie verschwunden.
Häftlinge aus der zweiten trugen Kirsch zurück ins Bett.
Sie kamen zum dritten und vierten Mal. Kirsch lebte kaum
noch, als sie ihn zuletzt nackt im Gang liegen liessen. Der
Spitzel schlich sich in die Kompagnie zurück. Seine Ar-
beit war beendet.
Jetzt erschien auch der Posten auf dem Hausflur.
„Was ist denn hier los? Kaum lässt man Euch einmal allein,
dann glaubt Ihr schon, Ihr könnt machen, was Ihr wollt",
schimpfte er in plump gespielter Entrüstung. Er ging den
Sanitäter rufen.
Der Sanitäter, ein gutmütiger Bursche, früher sozialdemo-
kratischer Arbeiter-Samariter, kam mit seinem Kasten, um
Kirsch zu verbinden. Er wusch dem Ohnmächtigen das
Gesicht, musste aber mitten drin aufhören und sich übergeben. Die Wache sah sich gezwungen, den Lagerarzt zu
holen. Der Lagerarzt, ein Sonderhäftling, Pg., war wegen
Unterschlagung von nationalsozialistischen Fachschafts-
geldern ins Konzentrationslager gesteckt worden. Das ist
die übliche Methode des Dritten Reiches, seine internen
Korruptionsfälle zu erledigen. Sie erspart die Oeffentlich-
keit einer Gerichtsverhandlung. Der gefallene Pg. hatte
natürlich nur das eine Ziel, sich so schnell wie möglich zu
rehabilitieren und war ein idealer Arzt für die Lagerverwaltung. Er stellte die Totenscheine aus für die umge-
brachten Genossen: seinem ärztlichen Befund nach waren
sie an Nierenvereiterung oder Kopfgrippe gestorben. Kran-
ke Häftlinge, die mit Fieber zu Bett lagen, denunzierte
er der Verwaltung als Drückeberger, und mehr als einmal
schon hatte er seinen Patienten, statt sie zu untersuchen,
ins Gesicht geschlagen.

Der Pg. liess Kirsch in die Sanitätsbude tragen und dort die ganze Nacht liegen. Am nächsten Morgen wurde er nach dem Städtischen Hospital gebracht.

Es hat keiner der Häftlinge mehr etwas von ihm gehört.

Bei Tageslicht wich langsam der furchtbare Druck der vergangenen Nacht. Unwillkürlich schlossen sich die Genossen enger zusammen. Die Provokateure schwiegen. Die Verwaltung rückte offiziell von dem Mordkommando ab und liess verbreiten, es werde eine Untersuchung des Falles stattfinden. Dabei blieb es.

Ein Genosse wusste einiges von Kirsch's Flucht. Kirsch war zuerst nach Osten in Richtung auf die Grenze gegangen, hatte aber nach der ersten Nacht seinen Plan geändert. Er brachte es nicht über sich, ins Ausland zu fliehen, ohne seine Familie noch einmal gesehen zu haben. Das Lager hatte natürlich die NSDAP-Gruppe in seiner Heimat verständigt, und sie fingen ihn, ehe er noch sein Dorf betreten hatte.

Wir gingen daran, alle Häftlinge zu ermitteln, die sich an der Exekution beteiligt hatten. Ein 18-jähriger Kalfaktor, namens Hartwig, der Liebling des Obersturmführers von Zaskowsky, war der Anführer gewesen. Er war es auch, der Kirsch Hosen und Hemd ausgezogen hatte, als er auf dem Gang lag. Ein paar andere hatten die Gelegenheit wahrgenommen, nicht nur ungestraft, sondern mit offizieller Aufforderung ihrem alten Schläger-Handwerk nachzugehen. Es waren ausgesprochen lumpenproletarische Subjekte, die zufällig in die Reihen der Arbeiter-Kampforganisationen gekommen waren und eigentlich in die SS gehört hätten. Drei oder vier politisch Indifferente waren auf die Lügen der Verwaltung hereingefallen und ehrlich darüber entrüstet, dass wir alle wegen eines Spitzbuben und Vagabunden zu leiden hätten.

In dem nächtlichen Kommando waren auch zwei politisch organisierte Arbeiter gewesen, ein SPD- und ein KPD-Mann.

Es war uns wichtig zu erfahren, was sie bewogen hatte, Henkerdienste an ihrem Kameraden zu verrichten. Der Sozialdemokrat stand auf dem Standpunkt, dass solche Vorfälle wie Kirsch's Fluchtversuch, die Entlassung der übrigen Häftlinge um Wochen und Monate verzögern und die Haftbedingungen für alle nur noch mehr verschlechtern würde. Es läge jetzt im Interesse der Gefangenen, alles zu vermeiden, was die SS in Erregung brächte. Im Lager müsse Ordnung herrschen. Jeder solle seine ,,Pflicht" tun — damit meinte er, die Zwangsarbeit gern auf sich nehmen. Als wir ihm sagten, dass er schon die Sache der Nazis zu seiner eigenen mache, lehnte er das entrüstet ab. Nein, er sei nach wie vor Sozialdemokrat.

Der frühere Kommunist arbeitete in der Autowerkstatt, wo er in dauerndem Umgang mit der SS war, oft Offiziere zu fahren hatte und als geschickter Mechaniker bald allerlei Privilegien genoss. Die SS steckte ihm mitunter eine Flasche Bier zu, er rauchte Zigarren, die ihm die Offiziere spendierten und brauchte die Appelle nicht mitzumachen. So war er korrumpiert worden, übergegangen und bestrebt, sich das Wohlwollen seiner neuen Herren zu verdienen.

Die Häftlinge, die sich an der ,,Bestrafung" Kirsch's beteiligt hatten, wurden von den übrigen wie die Pest gemieden. Niemand sprach mit ihnen, in der Mittagspause sassen sie allein und die feindselige Stimmung gegen sie, wuchs — statt mit der Zeit nachzulassen — immer mehr.

V.

„SIE SIND NICHT MEIN RICHTER."

An einem Morgen bekam Hartwig im Waschraum, als er
sich über die Waschschüssel beugte, einen Schlag über den
Kopf. In wenigen Augenblicken war der eben noch dicht
gefüllte Raum leer. Am Boden, in einer Seifenwasserpfütze,
lag der verhasste Kalfaktor. Nachdem er wieder zur Besinnung gekommen war, meldete er dem Obersturmführer
Zaskowsky, er sei von Häftlingen überfallen worden. Zaskowsky wütete und setzte alle Hebel in Bewegung, um eine
Untersuchung zu erreichen, schien aber beim Kommandanten und anderen SS-Offizieren auf Widerstand zu stossen.
Sicher missbilligten viele sein Verhältnis mit dem Kalfaktor, vielleicht befürchteten sie auch eine offene Revolte
im Lager. Zaskowsky drang jedenfalls nicht durch, und
der Täter blieb unbekannt. Aber ein anderer Häftling, ein
Greis von nahezu siebzig Jahren, fiel Hartwig zum Opfer.
Das kam so.

Der alte Karel, wie er allgemein genannt wurde, war nur
noch zum Kartoffelschälen zu gebrauchen. Wie er, auf
einer Bank im Lagerhof sitzend, den Kalfaktor mit dem
Frühstücksbrett in der Hand ins Verwaltungsgebäude gehen
sah, sagte er:

„Der Lump kann ja schon wieder gehen."
Zwei Minuten darauf wurde er zu Zaskowsky gerufen.
„Was hast Du eben im Hof gesagt?", fragte ihn der Ober-
sturmführer. Hartwig stand daneben.
„Ich hab' mich gewundert, dass dieser Lump hier schon
wieder Dienst machen kann."
Der Offizier nahm den Gummiknüppel zur Hand und be-
fahl dem Alten, sich über den Tisch zu legen. Der Greis
weigerte sich. Auf einen Wink Zaskowskys stürzte sich
Hartwig auf ihn, riss ihn nieder und presste ihn mit den
Knien auf den Boden. Der Obersturmführer prügelte.
Der Alte kroch die Treppen hinunter und klopfte am Zim-
mer des Kommandanten an, etwas, was noch kein Häftling
zu tun gewagt hatte.
„Was willst Du?"
„Ich bin vom Obersturmführer von Zaskowsky eben miss-
handelt worden."
„Warum?"
„Ich habe gefragt, ob der Lump Hartwig schon wieder ge-
sund ist."
„Dann hast Du es redlich verdient. Mach, dass Du raus-
kommst, sonst kriegst Du noch eine Tracht von mir."
„Sie dulden also die Misshandlungen der Gefangenen hier
im Lager?"
„Mensch, werden Sie nicht unverschämt", brüllte der Kom-
mandant.
„Herr Kommandant, Sie dulden also die Misshandlungen
der Gefangenen hier im Lager", fragte der Alte unerschüt-
terlich.
Der Kommandant schnappte nach Luft.
„Was wollen Sie eigentlich von mir", schrie er.
„Ich möchte Sie fragen, ob alles, was im Lager vor sich
geht, mit Ihrem Wissen und Dulden geschieht."
„Das geht Sie einen Dreck an. Soll ich Ihnen etwa Rede
und Antwort stehen?"

„Herr Kommandant", sagte der Alte, „für das, was hier im Lager vor sich geht, wird man Sie dereinst zur Verantwortung ziehen."

Er drehte sich um und ging hinaus.

Er ging in die Kompagnie und schrieb. Dann nahm er, ohne ein Wort zu sagen, wieder seinen Platz bei den Kartoffelschälern ein. Die anderen betrachteten ihn scheu von der Seite. Was ging in dem Alten vor? Man wusste, dass er verhaftet worden war, weil er bei einer der unzähligen Geldsammlungen die Nazis gefragt hatte, ob denn das Betteln im Dritten Reich nicht verboten sei.

Am Nachmittag wurde er wieder zum Kommandanten gerufen. Von zwei Häftlingen gestützt, schleppte er sich über den Lagerhof. Der Kommandant fragte ihn, warum er sein Testament geschrieben habe.

„Weil man unter Mördern nicht weiss, wie lang man noch zu leben hat", sagte der Alte.

„Warum machen Sie uns solche Schwierigkeiten, Weidebrecht", lenkte der Kommandant ein. „Sie sind ein alter Mann, ich möchte Ihnen eine weitere Bestrafung ersparen."

„Sie können mich nicht bestrafen, Sie sind nicht mein Richter."

„Wenn Sie so starrköpfig sind, bleibt mir nichts anderes übrig, als Sie in den Bunker zu stecken."

„Das steht bei Ihnen."

„Ich kann Ihnen nicht erlauben, diesen Brief wegzuschikken. Er ist geeignet, einen falschen Eindruck von meinem Lager zu erwecken. Aber angesichts Ihres Alters und Ihrer Unbescholtenheit, will ich eine Ausnahme mit Ihnen machen und Ihnen erlauben, an einem der nächsten Tage Ihre Familie zu sehen."

„Ich brauche keine andere Behandlung, als die übrigen Gefangenen."

„Wie lange sind Sie verhaftet?"

„87 Tage."

„Weswegen?"

„Wegen Verächtlichmachung des Dritten Reiches."

„Ich will sehen, was ich für Sie tun kann, Weidebrecht,
aber ich erwarte, dass Sie in Zukunft die Disziplin des
Lagers in keiner Weise mehr verletzen."

Von diesem Tage an ging es mit dem Alten schnell bergab.
Seine Kräfte liessen nach. Er lag meistens auf seinem
Strohsack, und wenn man ihm beim Vorbeigehen etwas
zusteckte, was sein Gaumen beissen konnte, sagte er
freundlich:

„Vergelt's Gott, Jungens."

An einem Sonntag besuchte ihn der pensionierte Dorfpfar-
rer, als dessen Küster Weidebrecht sein halbes Leben verbracht hatte. Zwei Häftlinge trugen den Alten in die Sanitätsstube, wo der Pfarrer in Gegenwart des diensttuenden
SS-Offiziers auf ihn wartete.

„Na, Karel, wie geht's?", fragte der Pfarrer in aufmun-
terndem Ton.

„Es geht zu Ende, Ehrwürden."

„Hast Du Schmerzen? Bist Du krank?"

„Dieser Mann hier", sagte der Alte, auf Zaskowsky deutend, „dieser Mann hier hat mich geschlagen."

Der Pfarrer sah erschrocken von einem zu anderen. Zaskowsky verzog keine Miene.

„Dieser Mann hat mich mit einem Gummiknüppel geschlagen", fuhr der Greis fort, als erzähle er eine Geschichte, die niemanden im Raum anginge. „Und was er mir
getan hat, das tut er jeden Tag den anderen Gefangenen."

„Falls Sie noch eine weitere Aeusserung dieser Art machen,
muss ich die Besuchserlaubnis zurückziehen und Sie dem
Kommandanten melden", sagte der Obersturmführer.

„Der Kommandant weiss es und duldet es. Was hier im
Lager vor sich geht, das schreit zum Himmel."

„Karel", sagte der Pfarrer schnell, „Karel, reg Dich nicht
auf. Ich werde zum Ministerium gehen und um Deine

Entlassung bitten. Ich werde Ihnen sagen, dass Du Dein Lebtag ein braver Mann gewesen bist."

„Ich brauche keine Entlassung mehr. Ich will nicht mehr leben in einer Zeit, wo die Wahrheit nicht ans Licht darf und die bösen Buben regieren."

Der Obersturmführer erhob sich.

„Es tut mir leid", sagte er zum Pfarrer, „dass ich Ihre Besuchszeit infolge des unverschämten Verhaltens des Gefangenen vorzeitig beenden muss."

„Unverschämtes Verhalten", rief der Alte und knöpfte mit seinen zittrigen Händen das Hemd auf.

„Hier, sehen Sie hier."

Auf seiner eingefallenen Brust waren noch die blutunterlaufenen Spuren des Gummiknüppels zu sehen. Der Pfarrer sah mit Entsetzen die Male des Dritten Reiches.

„Wie können Sie sich an diesem alten Mann vergreifen?", stammelte er fassungslos. „Das ist ja abscheulich."

„Es würde mir leid tun, Sie gleich hier im Lager behalten zu müssen", erwiderte der Obersturmführer. „Ueberlegen Sie sich Ihre Worte das nächste Mal etwas besser. Gehen Sie jetzt."

Weidebrecht wurde in den Bunker getragen und blieb dort, bis ihn nach Tagen ein Auto des Städtischen Hospitals abholte. Sein alter Freund, der Pfarrer, hatte ihm wenigstens erspart, in dem dunklen Loch zu sterben.

VI.

DER SCHIEBER VOM ARBEITSKOMMANDO DEICH II

Drei Wochen nach Einlieferung wurde ich mit sieben Kameraden in der Polizeiabteilung des Lagers „gleichgeschaltet". Wir waren beim Abendappell aufgerufen worden und hatten am nächsten Morgen um 6 1/2 Uhr vor dem Verwaltungsgebäude anzutreten. Um 10 Uhr kamen die SS-Offiziere der Polizei-Abteilung. Sie gingen um 12 1/2 Uhr zum Mittagessen und kamen um 3 Uhr zurück. Wir standen und standen. Um 6 Uhr abends wurden die ersten hinaufgerufen. Wir hörten, wie Stühle umfielen, Gebrüll, Schlagen . . ., dann kamen sie in Begleitung zweier SS-Leute die Treppe herunter, bleich wie der Tod. Sie wurden zum Bunker abgeführt.
Ich kam als letzter dran. In einem kleinen Zimmer sassen zwei Sturmführer hinter ihren Schreibtischen. Das Zimmer war frisch gestrichen. Auf die Wand vor mir war mit schwarzer Farbe gepinselt:
Gemeinnutz geht vor Eigennutz!

Ueber dem ersten Schreibtisch hing ein Bild von Röhm, über dem zweiten ein Bild von Göring. Sie rahmten eine Gipsstatue des Führers ein, die Schmachtlocke in der Stirn und den schönen Schnurrbart gestutzt. Mechanisch nahm ich das alles in einem Augenblick auf. Die zwei SS-Männer an der Tür schlossen ab. Das „Verhör" begann. Die ersten paar Sekunden sind für den Gefangenen am schwersten. Schlimmer als die körperliche Zermürbung durch das zwölfstündige Warten und sogar schlimmer als die Gewissheit geschlagen zu werden, ist die Ungewissheit, was die Geheime Staatspolizei von der legalen und illegalen Arbeit des Gefangenen in der Partei weiss. Jeden Tag können Dokumente gefunden worden sein oder verhaftete Genossen Aussagen gemacht haben, die ihn belasten. Vielleicht müsste er angesichts des neuen Polizei-Materials hier zugeben, um sein Leugnen an anderer Stelle glaubwürdiger zu machen. Aber das geringste Zugeständnis kann ihn und andere Kameraden in eine ausweglose Situation bringen. Besser, überhaupt nicht damit beginnen. — Aber wenn man nichts sagt, prügeln sie einen tot.

Alles ist leichter, wenn die erste Frage gestellt ist. Dann beginnt ein Kampf im Konkreten, in dem der Gummiknüppel nicht mehr allmächtig ist. Der Häftling kann seinen Kopf benutzen, sein Gehirn, seine Augen und Ohren arbeiten lassen. Er merkt sofort die Lücken im Anklagematerial, er hört aus den Fragen, was die Geheime am meisten interessiert, und er hat bald heraus, wie weit der vor ihm sitzende SS-Offizier überhaupt fähig ist, das Wesen illegaler Parteiarbeit zu verstehen. In neunzig von hundert Fällen hat der wildgewordene Spiesser die idiotischsten Vorstellungen von der Partei.

„Du hast in der Küstriner Reichswehr Zersetzungsarbeit geleistet!"

Mir fiel ein Stein von der Brust. Die Genossen, mit denen ich zusammengearbeitet hatte, waren nicht hochgegangen oder hatten nicht ausgesagt. Und wir hatten keinen Spitzel in unseren Reihen. Mein Herz frohlockte. Sie waren auf einer falschen Fährte.

„Nein."

Der Offizier sprang auf und schlug mir die Faust unters Kinn. Ich fiel über den Schreibtisch des zweiten Sturmführers, der mir einen Tritt in den Rücken gab, dass ich mitten ins Zimmer flog. Das war das Zeichen für die bereitstehende SS. Sie packten mich, einer klemmte meinen Kopf zwischen seine Stiefel und in dieser Stellung gaben mir die heldenhaften SS-Offiziere mit dem Gummiknüppel die Hindenburg-Spende. Ich verbiss die Schmerzen und gab keinen Laut von mir. Nach einer Weile hörten sie auf.

„Was", sagte der erste wieder, „ich schwitze schon, und Du Lump hast noch nicht in die Hosen geschissen!"

Das war die Form, in der er mir seine Anerkennung für meine Haltung ausdrückte.

„Warum bist Du zur Kommune gegangen und nicht zu uns gekommen?"

„Als ich in die KPD eintrat, wusste man noch nichts von der NSDAP", antwortete ich.

„Und warum bist Du nicht später zu uns gekommen?"

„Ich glaubte nicht an den revolutionären Charakter der NSDAP."

„Glaubst Du jetzt daran?"

„Nein."

Der zweite Sturmführer wollte wieder auf mich los, aber der erste winkte ab. Er hatte für heute wohl genug geprügelt und versprach sich etwas Abwechslung von einer „Unterhaltung".

„Warum glaubst Du nicht daran?"

„Ich sehe, dass die NSDAP nur gegen die revolutionären Arbeiter kämpft."

„Aber wir haben auch die Deutschnationalen, das Zentrum und alle Judenparteien aufgelöst", sagte er. „Und wir

haben mehr als einen Kapitalisten in die Konzentrationslager geschickt, der sich an den Rechten der Arbeiter ver-
griffen hat."

Ich antwortete nicht.

„Ist das wahr oder nicht?" fragte er.

„Ja. Aber der Kapitalismus ist nicht angetastet worden",
sagte ich und fühlte, wie die „Diskussion" hart vor dem
Ende stand.

Er sah mich eine Weile mit halbgeschlossenen Augen an
und ich spürte, was in ihm vorging. Er war mit Hitlers
„Sozialismus" selbst unzufrieden, aber es wurmte ihn, dass
seine kritischen Gedanken von einem Kommunisten ausgesprochen wurden. Schliesslich sagte er:
„Es ist noch nicht aller Tage Abend. Der zweite Akt
kommt noch."

Sofort darauf reute es ihn, dass er sich soweit mit mir ein-
gelassen hatte. „Mach, dass Du raus kommst!" brüllte er.
Die beiden SS-Posten an der Tür traten mir in den Hintern,
dass ich mir auf der Treppe die Knie blutig schlug.

In der Kompagnie umringten mich die Genossen:
„Alles vorbei? Wie war es? Was wollten sie wissen?"

„Musst Du noch einmal hinauf?"

„Siehste", sagte Schütz, „nu is et vorbei, das machen
wir alles mit der grössten Ruhe ab."

In der Nacht schwollen die geschlagenen Körperstellen
stark an, unter den Achseln bildeten sich Hautsäcke, und
ich hatte kaum noch Kontrolle über die Bein- und Rücken-
nerven. Die Genossen rieben mich am Morgen mit Schmalz
ein, dass sie von ihren Frühstücksstullen kratzten und zogen mir die Schuhe an. Alle rieten mir, mich nicht krank
zu melden, um im Lager zu bleiben, sondern zur Arbeit zu
gehen. So humpelte ich mit. Schütz versuchte auf dem
Weg sein Bestes, mich aufzuheitern und mich meine
Schmerzen vergessen zu machen. Er trug mein Arbeits-
gerät und erzählte von Gott und der Welt. Als er sah, dass

ich zu elend war, mich ablenken zu können, schlug auch seine Stimmung um. Er ging schweigend neben mir her und rauchte seine Pfeife.

„Was denkst Du", sagte er schliesslich, „soll ich meiner Braut schreiben oder nicht?"

„Schreibt sie Dir denn?"

„Schon drei Briefe. Kannst sie lesen, wenn's Dich interessiert."

Er griff in die Rocktasche und wollte sie mir geben.

„Später", sagte ich, „über Mittag".

Ich arbeitete an diesem Tage nicht. Der Schieber erklärte dem Posten, ich werde heute das Feuer unterhalten, er schleppte aber selbst die Stubben heran und legte auf. Die SS-Wache duldete es.

Während zwei der Posten im Gespräch auf und ab schritten, begann der Schieber mit dem Dritten eine Unterhaltung. Auf mich deutend, sagte er: „Erziehung zum Nationalsozialismus". Der Posten, ein Bursche von höchstens zwanzig Jahren, sah mich schweigend an. „Wieviel glauben Sie, gehen als Nationalsozialisten aus dem Lager heraus?" fragte der Schieber.

„Man kann ja nicht erwarten, dass Ihr schon im Lager zu uns kommt", erwiderte der Posten langsam.

„Aber das ist doch der einzige Sinn der Lager. Hier sollen wir doch zu nützlichen Mitgliedern des Dritten Reiches erzogen werden. Sonst könnt Ihr uns doch alle gleich erschiessen."

„Wir wissen, dass die Besten von Euch doch noch umlernen, wenn Ihr seht, dass wir wirkliche Arbeit leisten."

„Ist das die Arbeit, die Ihr meint", deutete der Schieber auf mich.

„Es gibt überall Lumpen."

Eine Weile sprach keiner.

„Was warst Du früher, Kommune?", fragte der Posten mich und gab mir eine Zigarette.

„Ja."

„Ihr seid wohl alle Kommune in dieser Kolonne?"

„Ja."

Die beiden anderen Posten kamen ans Feuer.

Der Schieber ging und holte neues Holz.

In der Mittagspause gab mir Schütz die Briefe seiner Braut zu lesen. Sie schrieb:

„Lieber Richard!

Habe Dir schon viele Briefe geschrieben, aber zerrissen, weil ich ja weiss, dass es aus ist mit uns. Möchte Dir nur sagen, dass ich selbst nicht weiss, wie ich es machen konnte. War nicht klar im Kopf. Brauch Dir nicht zu sagen, wie leid es mir tut. Wirst mir nicht glauben und ist ja auch nicht nötig, aber wahr. Sie wollten noch mehr von mir wissen, habe sie aber aus dem Hause gejagt. Gehe nicht mehr zu M. waschen seitdem. Lieber Richard! Wenn Du mir nur glauben möchtest. Weiss ja, dass alles aus ist und will ich gar nichts von Dir. Sie haben mich aufgehetzt und habe alles geglaubt. War schon zweimal übern Berg zu Deiner Mutter, sie hat mich aber nicht ins Haus gelassen.

Lieber Richard! Auf dem Brett liegt noch immer Deine Pfeife. Und ein halbes Päckchen Tabak. Soll ich es Dir schicken? Könnte Dir auch ein bisschen Butter und Kuchen schicken. Bist aber sicher zu stolz, von so einer noch was anzunehmen.

Es grüsst Dich
Bertha."

„Lieber Richard!

Der Brunner, wo jetzt Leiter der Ortsgruppe ist, lässt Dir sagen, wenn Du ein Gesuch machst, wollen Sie es

von der Ortsgruppe unterschreiben. Weil Deine Mutter
krank ist und Dein Schwager in L. ist jetzt Sturmführer. Brauchst Dich nicht zu sorgen wegen der
Mutter. Gehe jetzt jeden zweiten Tag hinüber und
seh nach ihr. Ist Altersschwäche und die viele Aufregung. Bin so froh, dass sie jetzt wieder mit mir
spricht. Der erste Rausch ist hier schon vorüber.
Kannst verstehen, dass ich nicht viel darüber schreiben will. Nächsten Sonntag nimmt mich der Metzger
mit nach L. und werde Dir schreiben, was Dein Bruder
gesagt hat. Lieber Richard! Hast mir nicht auf meinen Brief geantwortet. Kann es ja auch nicht verlangen. Wenn Du wüstest, was ich durchmache, würdest
Du mir wenigstens auf diesen Brief paar Zeilen schreiben. Ich will gar nichts mehr von Dir, wenn Du nur
wieder gesund heraus bist. Kannst gehen, mit wem
Du willst. Hab es auch Deiner Mutter gesagt. Sie
wollten Dein Bild mit der Uniform beschlagnahmen,
habe es ihnen aber aus der Hand gerissen und wieder
auf die Kommode gestellt.

Mit Gruss
Bertha.''

,,Lieber Richard!
Dein Bruder war nicht zu Haus, hab ihm einen Brief
gelassen. Brunner sagt, wenn Du bei ihnen eintreten
wirst, wollen sie dafür sorgen, dass Du herauskommst.
Er sagt, Du wärst ihnen lieber, als die lauwarmen
Schleimer, wo sich jetzt alle bei ihnen anmelden. Und
Du sollst Dich jetzt auf die Tatsachen stellen. Aber
weiss ja, dass Du Deinen eigenen Kopf hast. Deine
Mutter sagt auch, das muss er allein wissen. Der
Oberförster vom Graf war vorige Woche bei ihr und
hat nach Dir gefragt. Sagte, wenn Du heraus wärst
und in den Stahlhelm eintrittst, kannst Du wieder im
Forst arbeiten. Lieber Richard! Die Leute sprechen

nicht schlecht über Dich, nur über mich. Es geschieht mir recht, und hab es nicht besser verdient. Wenn ich gewusst hätte, wie alles kommt, wäre ich schon lang in den Mühlbach gegangen. Jetzt möcht ich Dich nur wieder draussen sehen. Die Marie, wo an allem schuld ist, hat den Ziegler geheiratet. Er hat's Geschäft auf den Namen und ist Vorsitzender vom Kampfbund für den Mittelstand. Sie sollen aber aufgelöst werden, hört man.

Lieber Richard! Das ist der letzte Brief, wo ich Dir schicke, wenn Du mir nicht antworten tust. Nicht einmal einen Gruss hast Du mir geschickt, wie Du an Deine Mutter geschrieben hast. Ich bin schon ganz wirr im Kopf vom vielen Heulen. Kannst mir doch wenigstens einen Gruss mitschicken.

Bertha."

Schütz schaute mir ins Gesicht während ich las. Ich reichte ihm die Briefe zurück.

„Kannst sie auch lesen, wenn Du willst", sagte er dem Schieber, der neben mir sass.

„Bist Du lange mit ihr gegangen?" fragte ich.

„Ueber drei Jahre."

„Warum hast Du sie dann nicht geheiratet?"

„Kann doch nicht jede heiraten."

„Ist sie eine Genossin?"

„Nee. Sie interessiert sich nicht für Politik. Sie ist, was ich bin."

„Wieso hat sie Dich denn verraten?"

„Das kann ich selber nicht verstehen. Hätt' ich nie von ihr gedacht. Ich hatte in Tarnowitz was für die Partei zu erledigen und blieb wie gewöhnlich in P. über Nacht. Sie war schon lange misstrauisch, dass ich dort mit einem Weib gehe, und wie die Nazis zu ihr kamen und nach mir suchten, erzählten sie ihr, sie wüssten sowieso, wo sie mich finden würden. Es sei ja bekannt, wen ich so oft über Nacht besuche. Sie stichelten solange, bis die Bertha in ihrer Wut sagte, ich sei schon drei Tage nicht zu Hause gewesen. Sie sollten nur zu dem Weibsbild in P. gehen. Dort würden sie mich sicher finden."

„Du bist selber dran schuld, Richard", mischte sich der Schieber ins Gespräch. „Gehst drei Jahre mit ihr, heiratest sie nicht, vögelst herum mit anderen Mädchen und gibst Dir nicht die geringste Mühe, sie zu einer Genossin zu machen. Was kannst Du denn da anderes erwarten?"

„Mensch, so eine Gemeinheit mich zu verpfeifen, wo sie doch wusste, was die Nazis mit mir machen würden."

„Daran hat sie im Moment sicher nicht gedacht. Hast Du sie denn politisch aufgeklärt? Du hast sie so behandelt, wie die Nazis die Frauen behandeln. Gut fürs Bett und die Küche und die Wäsche, und im übrigen Maul halten. Dagegen hat sie sich auf ihre Art gewehrt. Kannst Dich gar nicht darüber beklagen. Sie liebt Dich und ich meine, Du sollst Dich nicht aufs hohe Ross setzen, sondern ihr helfen. Ich wette meinen Kopf, sie wird Dich nicht noch einmal verraten, wenn Du ihr schreibst und sie als einen Kameraden behandelst und nicht als einen Unterrock."

Auch ich redete ihm zu. Schütz war froh, dass Parteigenossen, auf deren Urteil er viel gab, ihm das zu tun rieten, was er allein schon gern getan hätte, wogegen sich aber sein Stolz wehrte. Er hatte auch gefürchtet, dass die Partei sein weiteres Zusammenleben mit einer „Verräterin" nicht dulden würde. Auf dem Heimweg war er sehr vergnügt, und als die Posten zu singen befahlen, stimmte er an:

> „Von dem Berg, da rauscht ein Wasser
> Rauscht als wär es kühler Wein
> Kühler Wein, der soll es sein.
> Schatz, ach Schatz, ach könnt' ich bei Dir sein.

Willst Du mich noch einmal sehen,
Ach, so komm zum Bahnhof hin.
In dem grossen, grossen Wartesaal,
Schatz, da sehn wir uns zum allerletzten Mal.

In der Heimat angekommen
Fängt ein neues Leben an.
Eine Frau wird sich genommen.
Kleine Kinder bringt der Weihnachtsmann.

Viele Briefe sind geschrieben
Ueber Land und übers Meer.
Liebst Du mich, so lieb ich Dich,
Treue Liebe, die vergisst man nicht."

„Nächsten Schreibtag kannst mir vielleicht ein bisschen dabei helfen", bat er mich.
Was ich schon in der Hölle des Columbia-Hauses beobachtet hatte, bewahrheitete sich auch hier im Lager: Die Arbeiter wurden mit der Situation viel besser fertig, als die Intellektuellen. Es handelte sich dabei nicht um eine Frage des persönlichen Mutes, darin standen sie den Arbeitern nicht nach. Aber den Intellektuellen erschien der Faschismus wie eine undurchdringliche Wand, die sie umklammert hielt, ein Ungeheuer, in dessen Fratze keine menschlichen Züge zu entdecken waren. Die Arbeiter sahen durch die schwarze SS-Uniform hindurch den Sohn des verschuldeten Gastwirts Schärer aus Niederwellingen, den abgebauten Hilfskassierer der Städtischen Sparkasse von Frunsbüttel, den ehemaligen Rittmeister der 7. Ulanen, der als Wein- und Cognakreisender das Studiengeld für seine Söhne zu verdienen suchte. Die Abstraktion „Faschismus" löste sich für sie in eine Reihe konkreter Teile auf: dreckiges Fressen, Verhör, Gummiknüppel, Bunker, Zwangsarbeit, SS, und es war gar nicht ausgeschlossen, gegen die einen oder anderen Teile bestimmte Abwehrmassnahmen zu ergreifen.

Die SS zum Beispiel bestand aus den verschiedenartigsten Elementen. Mit manchen konnte man persönliche Beziehungen anknüpfen und sie vorteilhaft ausnutzen.

Dieses Talent besass in höchstem Masse der Schieber unserer Kolonne. Er hatte die Erfahrungen von drei Jahren russischer Kriegsgefangenschaft hinter sich und kannte den Zauber. Seine Tätigkeit begann schon am Morgen vor dem Abrücken zur Arbeit. Dann lauerte er, dass wir die „richtigen" Posten bekamen. Die SS ging gern mit seiner Kolonne. Fritz, der ihn glühend bewunderte, erzählte mir einige Vorfälle, die dem Schieber sein grosses Renommee bei der unteren SS verschafft hatten. Einmal hatte ein Posten auf dem Marsch durch den Wald ein Reh angeschossen. Das war der Forstverwaltung gemeldet worden, und das Lager stellte eine Untersuchung an. Der Schieber und seine Kolonne mussten die ganze SS-Wache abgehen, um den Täter herauszufinden, aber niemand erkannte ihn wieder. Fünf Mann der Kolonne wurden acht Tage in den Bunker gesperrt und wieder mit der SS konfrontiert — keiner erinnerte sich an das Gesicht des Postens. Es machte den grössten Eindruck auf die SS-Leute, und nachdem sie sich einmal sicher fühlten, dass ihnen von Seiten der Häftlinge keine Anzeige bei den Offizieren drohte, durchbrachen sie immer häufiger die Stumpfsinnigkeit ihres Dienstes, hielten auf dem Weg zur Arbeit vor einer Kneipe oder legten sich hinter einen Busch schlafen und vertrauten darauf, dass wir sie weckten, wenn das Motorrad der Kontrolle hörbar wurde. Damit gaben sie sich natürlich mehr und mehr in die Hand der Häftlinge, und die liessen sich die Gelegenheit nicht entgehen, für sich herauszuschlagen, was sie nur konnten. So erwuchs im Laufe der Monate aus vielen kleinen und grossen Verstössen gegen die Disziplin eine stille Interessengemeinschaft zwischen bestimmten SS-Leuten und einzelnen Arbeitsgruppen, aus der die Häftlinge manche kleinen Vorteile zogen.

Auf unserem zweistündigen Marsch zur Arbeitsstelle kamen wir regelmässig an einer Gruppe Strassenarbeiter vorbei, mit denen wir uns anfreundeten. Hatten wir die „richtigen" Posten mit, so liessen sie uns für ein paar Minuten „austreten". Die Arbeiter gaben uns ihre Tabaksbeutel zum Stopfen einer Pfeife und holten aus ihren Rucksäcken Wurst und Brot. Zwei Mädchen, die zu Rad in die Fabrik fuhren, warfen uns jeden Morgen eine Schachtel Zigaretten zu. Auch unter den Bauern gab es nicht wenige, die uns trotz ihrer Angst vor Verfolgung heimlich etwas zusteckten. Die Frauen waren dabei mutiger als die Männer. Die Lagerverwaltung und die Geheime Staatspolizei mussten die Bevölkerung mehrmals verwarnen, mit uns in Berührung zu kommen.

Eines Tages fragte mich der Schieber:

„Willst Du Deine Frau einmal kommen lassen in diesen Tagen?"

„Ich weiss nicht, wo sie ist. Und was für einen Wert hat es, sie von weitem einmal zu sehen."

„Hör zu. Ich habe zwei Posten so weit, dass sie einverstanden sind, wenn ein paar von uns unsere Frauen in den Wald kommen lassen. Jetzt müssen wir nur noch sehen, dass wir den dritten herum kriegen. Die drei machen jeden Freitag zusammen Dienst. Wenn Deine Frau nicht kommen kann, so kannst Du vielleicht eine Genossin herbestellen, um Deinen Leuten was ausrichten zu lassen. Schreib' gleich und gib mir den Brief nach dem Abendappell. Aber die Adresse muss gut sein."

Ich hatte auf meinen Brief an Walter natürlich nichts gehört. Der Gedanke an die Liste quälte mich immer noch. Ich wusste auch nicht, ob meine Arbeit an Otto übergeben, ob Otto noch frei war, ob man Käthe benachrichtigt hatte. Nach einigem Nachdenken beschloss ich an Anna zu schreiben.

Schütz kam bei der Arbeit zu mir heran.

„Hat Dir Karl gesagt?"

„Ja!"

„Willst Du Deine kommen lassen?"

„Ich will's versuchen."

„Möchte auch Bertha schreiben, was denkst Du?"

„Wenn Du weisst, dass sie's gern auf sich nimmt, falls es schief geht."

„Mensch, da kannste sicher sein."

„Gut, dann schreib'."

„Hast Du heut Abend ein bisschen Zeit?"

„Ja, um sieben in der Kompagnie."

Vier Mann von unserer Arbeitskolonne entschlossen sich, die Gefahr auf sich zu nehmen und schrieben.

Der Brief an Bertha war nicht so leicht, wie es aussah. Schütz hatte seine feste Ansicht darüber, was er ihr schreiben wollte und was nicht. Es sollte nicht zu kurz, aber auch nicht zu lang sein, es sollte versöhnend lauten, aber doch alles offen lassen und zu nichts verpflichten. Seine Manneswürde brach sich beim Diktieren wieder mächtig Bahn, und ich musste ihm ein paar saftige Wahrheiten sagen, um mit ihm zu Rande zu kommen. Schliesslich gab er sich mit folgender Fassung zufrieden:

„Liebe Bertha,

. Habe Deine drei Briefe bekommen, wofür ich Dir danke. Es freut mich, dass Du nach Mutter siehst. Hoffentlich geht es ihr bald wieder besser. Mit dem Gesuch von Brunner und meinem Bruder will ich nichts zu tun haben. Sollen sie eins schreiben, wenn sie wollen, aber ich will nichts damit zu tun haben.

Du schreibst, dass Du Dir jetzt viele Gedanken um mich machst (um das Wort „viele" stritten wir lange, Schütz wollte es nicht haben, ich bestand aber darauf), hättest das eher tun sollen. Hättest uns beiden vieles ersparen können. Aber geschehen ist geschehen. Man muss jetzt drüber nachdenken, was weiter werden soll. Kann im Brief nicht viel schreiben, möchte Dich deshalb einmal sehen. Es darf aber niemand etwas wissen, n i e m a n d , verstehst Du, nur die Mutter, auch nicht der Bruder. Ins Lager kannst Du nicht kommen, wir haben Besuchssperre, wäre auch sowieso nicht gegangen, weil wir nicht verheiratet sind. Können auch d a r ü b e r sprechen. Aber kannst in den Wald kommen, wo wir arbeiten. Fährst am besten mit dem Fahrrad bis T. und steigst erst dort in den Zug. Gib das Rad im Gepäckwagen auf für 50 Pfennig. Vom Bahnhof Hubertshof aus fährst Du dann die Landstrasse nach Graumütz bis zum Kilometerstein 21,4 und von dort links in den Wald. Fahr immer weiter, bis Du an einen Schlag kommst und bleibe auf dem linken Weg bis herunter zum Wasser. Richte Dich so ein, dass Du gegen Mittag im Wald bist. Zwischen dem Schlag und dem Wasser wird Dich jemand fragen, wieviel Uhr ist es, dann sagst Du: „Meine Uhr ist leider stehen geblieben." Dann wird er fragen: „Wollen Sie heute noch weit?" Dann sagst Du: „Es kommt drauf an, wie ich meine Geschäfte erledigen kann. Können Sie mir vielleicht sagen wie ich zum Deich komme?" Dann wird er Dich führen. Vergiss die Worte nicht. Du musst zweimal antworten und einmal fragen. Sag Mutter, sie soll Dir das Fahrgeld geben. Sie soll es von dem Geld nehmen, das ich im Februar von Koszinsky bekommen habe. Fahre nächsten Freitag, falls Du nichts mehr von mir hörst. Liebe Bertha! Freue mich, Dich wiederzusehen. Hoffentlich geht alles gut.

Auf Wiedersehen
Richard."

Meinen Vorschlag, „Dein Richard" zu schreiben, lehnte er entschieden ab.

Auf den einen SS-Posten konnten wir fest rechnen. Er war mit der Schwester eines Genossen verlobt und stand unter ihrem Einfluss. Der Schieber erfuhr durch ihn, was in der SS und in der Lagerverwaltung vorging; dieser Posten schmuggelte auch die Briefe nach draussen. Sein Freund aus demselben Wachzug war ein aufgeweckter Bursche, der aus einer sozialdemokratischen Familie stammte und von dorther politische Interessen mitbrachte. Mit ihm konnten wir sprechen, als ob Hitler noch nicht Reichskanzler und die SS kein Staatsorgan sei. Er war auch nicht so felsenfest davon überzeugt, dass das Dritte Reich mehr als tausend Jahre bestehen würde. Der dritte Posten hatte Angst. Zur Mittagspause, wenn wir ums Feuer sassen, machten wir SS-Zersetzungsarbeit. Es lachte einem das Herz, zu sehen, wie die Genossen die Unterhaltung drehten, bis sie an dem Punkt war, den sie haben wollten; wie sie sich die Bälle zuspielten, als arbeiteten sie nach einem eingeübten Plan. Ein unbeschreibliches Gefühl, hier unter den Karabinern der SS unsere alten Argumente aus dem Pharus-Saal und der „Neuen Welt" zu hören und zu sehen, wie sie wirksam waren. Die Arbeit der Partei war nicht verloren. Die Kommune stand.

„Ihr kriegt Eure Löhnung jetzt auf Stottern, hör' ich", sagte Fritz.

„Ja, die Geschäftsabteilung hat kein Geld, um uns alle am Ersten und Fünfzehnten voll auszuzahlen", gab ein Posten zu.

„Und gekürzt seid Ihr auch wieder worden."

„Nur vorübergehend, im nächsten Monat sollen wir wieder die alte Löhnung kriegen."

„Welche alte? Die Ihr zuallererst hattet? Ihr seid doch schon zweimal gekürzt worden."

„Was kriegt Ihr denn jetzt?"

„25 Mark im Monat", antwortete statt des Postens einer der Häftlinge.

„Stimmt ja gar nicht, 30!", liess sich der Posten aus-
horchen.

„Aber zu Anfang habt Ihr 90 gehabt."

„Was bekommt denn ein Sturmführer?" fragte ein Häftling wieder.

„Mindestens seine 250 im Monat", provozierte ein anderer.

„Nee, heut auch nicht mehr", sagte ein Posten.

„Ihr habt ziemlich junge Sturmführer. Können wohl noch
nicht sehr lang in der SS sein?"

„Habt Ihr auch Märzgefallene unter den Offizieren?"*)

„Ich muss sagen, bei Euch geht's noch schneller als bei
der SPD. Dort mussten die Bonzen sich's sauer werden lassen, bis sie oben schwammen. Aber wer heute einen guten
Freund als Gruppenführer hat, der macht die drei Sterne
mit einem Sprung."

„Und die ‚alten Kämpfer' können die Wache schieben für
dreissig Mark im Monat."

„Na ja, aber die Regierung kann nicht alles auf einmal
machen", sagte der Schieber. „Zuerst müssen jetzt die
jüdischen Warenhäuser enteignet und an die Kleingewer-
betreibenden vermietet werden. Und dann kommen die
Kartelle und die Trusts dran. Wie weit seid Ihr damit?"

„Oh, der Tietz verkauft jetzt Zeitungen am Potsdamer
Platz."

Dröhnendes Gelächter, in das auch die drei Posten mitein-
stimmten.

„Lacht nur", sagte der eine. „Es ist erst der Anfang."

„Psst!" höhnte der Schieber. „Hast Du nicht gelesen, dass
es verboten ist, von der Fortsetzung zu sprechen. Keine
zweite Revolution!"

---

*) Märzgefallene, ursprünglich Ehrentitel der in den März-Auf-
ständen gefallenen Revolutionäre, nennen die Arbeiter jetzt die
nach den Märzwahlen 1933 zu Hitler übergelaufenen Karrie-
risten, die sich früher als Demokraten, Liberale, Sozialdemokraten, Staatsparteiler usw. ausgaben.

„So 'ne Revolution wie in Russland und wie Ihr sie machen
wolltet, brauchen wir auch nicht. Ihr müsst doch zugeben,
dass bei unserer Revolution so wenig Blut vergossen worden
ist, wie noch bei keiner."

„Ob das 'ne Revolution gewesen ist, wird sich herausstellen,
wenn man sieht, was Ihr mit der Macht angefangen habt.
Bis jetzt sieht's verdammt mies damit.aus."

„In Russland sind zwanzig Millionen Menschen in der Revolution ums Leben gekommen. Und wofür? Glaubt ihr
tatsächlich, dass dort die Arbeiter jetzt im Speck sitzen?
Dort seid Ihr schon fünfzehn Jahre an der Macht, und das
Volk hat wenig zu fressen. Ein Cousin von mir hat drüben
gearbeitet, als Bauarbeiter. Er hatte mit sechzig Kollegen in
Berlin einen Vertrag gemacht, dass ein Teil ihres Lohnes
nach Deutschland an ihre Familien überwiesen werden
sollte. Sie haben Wohnungen versprochen bekommen und
was weiss ich alles. Als sie hinkamen, waren keine Wohnungen da. Das Werk hat ihnen zuerst Zimmer in einem
Hotel gezahlt, das hat mehr gekostet als der ganze Lohn.
Dann mussten sie in Baracken wohnen. Die Lebensmittel
sind rationiert, und was nicht rationiert ist, kann der
Arbeiter nicht kaufen, so teuer ist es. Die russischen Arbeiter haben es nicht gern gesehen, dass die Deutschen
mehr auf ihre Karten bekamen. Das kann man ihnen auch
gar nicht verdenken. Und nach einem halben Jahr hat das
Werk plötzlich erklärt, es kann keine Valuta mehr geben.
Wenn sie nicht für Rubel arbeiten wollen, sollen sie zurückgehen. Mein Cousin ist mit zwölf Mann zurückgekommen.
Sie sind alle aus der RGO und KP ausgetreten. Ist das
vielleicht Sozialismus oder Kommunismus?"

„Hat er sonst nichts zu erzählen gehabt? Wie ist es denn
dort mit der Arbeitslosigkeit und wem gehören denn die
Fabriken? Und warum gibt es wenig Wohnungen? Hat er
nichts davon gesehen, dass ganze Städte neu gebaut werden
und Millionen von Bauern zu Industriearbeitern werden?"

„Das mag schon sein. Aber für uns kommt das nicht in Frage. Unsere Industrie ist schon zu gross. Deshalb haben wir ja die Arbeitslosigkeit. Wir müssen das Stadtvolk wieder aufs Land verpflanzen. In fünfzehn Jahren werden die Russen mit all ihrem Schuften gerade da sein, wo wir heute sind. Und dann geht das ganze Karussell wieder andersrum."

„Wir haben nicht zu viel Industrie. Wir haben noch viel zu wenig. Wir haben nur zuviel, um damit Profit zu machen. Jede Fabrik, die in der Sowjetunion gebaut wird, bedeutet mehr Reichtum für die russischen Arbeiter und Bauern. Aber bei uns werden für eine neue Fabrik zwei alte stillgelegt und die Arbeiter entlassen. Die Kapitalisten können ihren Dreck nicht los werden, weil das Volk zu arm ist, um ihn zu kaufen. Habt Ihr etwas daran geändert?"

„Du kannst Gift darauf nehmen, dass es geändert wird. Die Kapitalisten wissen ganz genau, dass jetzt ein anderer Wind weht und sie nicht mehr machen können, was sie wollen. Hitler wird für Gerechtigkeit in unserem Volk sorgen."

„Gerechtigkeit", sagte der Schieber, „schau sie Dir an. 95 Prozent der Gefangenen im Lager sind Arbeiter, die für ein besseres Leben gekämpft haben. Sie wollten Gerchtigkeit für sich und ihre Kinder. Sie hatten es satt, von der Gnade der Herren zu leben. Eure Gerechtigkeit besteht darin, sie einzusperren und schlimmer als Verbrecher zu behandeln. Eure Zeitungen schreiben, dass alle Nachrichten im Ausland über Misshandlungen der politischen Gefangenen Greuel-Lügen sind. Betrachte nur, was hier vor Euren Augen vor sich geht. Denk an Schmitz, den sie totgeprügelt haben. Denk an Heisten, der in der Sanitätsstube gestorben ist, Keller hat sich im Bunker aufgehängt, den langen Hamburger hat die Wache buchstäblich zerfleischt. Ich brauch' Dir nicht die ganze Liste aufzuzählen. Und die Regierung weiss das und duldet es, aber sie hat nicht den Mut, es zuzugeben. Ist das Eure Gerechtigkeit? Ist das die moralische Erneuerung des deutschen Volkes? Glaubst Du nicht, dass sich das alles einmal rächen muss?" Der Schieber hatte mit so fürchterlichem Ernst gesprochen, dass das Gesicht des SS-Mannes vor Erregung zuckte.

"Aber", stiess er hervor, "was hättet Ihr mit uns gemacht? Wir lassen Euch wenigstens leben, Ihr hättet uns alle umgebracht!"

"Wir brauchen keine Arbeiter umzubringen, denn sie gehören zu uns. Wir haben den Mut, uns vor der ganzen Welt zu unserer revolutionären Gesetzlichkeit zu bekennen. In unseren Konzentrationslagern werden die Schmarotzer arbeiten lernen, die Herren, die von unserer Arbeit fett geworden sind. Wir werden sie nicht misshandeln, wir werden aber auch nicht verheimlichen, dass wir sie erschiessen, wenn sie gegen uns arbeiten. Solange Ihr herrscht, werden die Gefängnisse mit revolutionären Arbeitern gefüllt sein. Ihr werdet Euch hüten, die Konzentrationslager abzuschaffen. Ihr könnt nicht zwei Herren dienen, und weil Ihr den Kapitalisten dient, müsst Ihr die Arbeiter verfolgen."

Er zog seine Uhr heraus. "Wollen wir wieder."

Wir gingen zur Arbeit zurück.

Die Briefe waren geschrieben. Der dritte Posten hatte sich schliesslich bereit erklärt, nichts zu sehen. Wir warteten in Hoffnung und Angst auf den Freitag. Was konnte alles dazwischen kommen! Ein abgefangener Brief. Ein unvermuteter Wechsel der Wache! Die Kontrolle! Verrat!

Wir waren alle krank vor Spannung. Schütz, bekannt für seine Ausdauer im "Kapitulieren", holte sich nur noch einen Schlag von der Kartoffelbrühe. Der Freitag kam heran.

Bei der Einteilung der Wache bekamen wir die erwarteten Posten mit, damit war die Hauptgefahr beseitigt. Auf dem Weg wurde kaum ein Wort gesprochen, und die Kolonne arbeitete zum ersten Mal, als ob es freiwillige Arbeit wäre. Die Kontrolle liess heute endlos auf sich warten, schliesslich kam das Motorrad in Sicht. Die Posten meldeten: Alles in Ordnung. Kurz darauf ging der Schieber Holz holen und kam erst vor der Mittagspause zurück. „Deine ist da", sagte er leise zu Fritz. „Dort rechts hinter den Tannen in der Mulde."

„Bitte austreten zu dürfen!" sagte Fritz und ging langsam in die Tannen.

Die Posten und die Häftlinge wahrten den Schein. Keiner liess sich das geringste anmerken. Der Schieber schickte mich Holz holen.

„Geh auf den Weg und löse Kessler ab", sagte er. „Ich habe meine Frau dort unten in die Hecken bugsiert. Ich bleibe nicht länger als eine Stunde. Pfeif durch die Finger, wenn etwas los ist."

Ich legte mich auf die Lauer, um Anna und Bertha in Empfang zu nehmen. Im Wald regte sich nichts. Es war ein klarer Spätherbst-Tag. Die Fäden des Altweibersommers segelten glitzernd in der Sonne.

Um Viertel nach drei kam Bertha. Sie hatte schlechte Zugverbindung gehabt. Um halb vier mussten wir abrücken. Bis zur Chaussee ging sie hinter der Kolonne her und weinte fassungslos. Schütz wusste nicht, was er tun sollte, um sie zu beruhigen.

„Und wenn ich für jede Minute, wo sie hier war, einen Tag in den Bunker muss", sagte er auf dem Rückweg ins Lager, „es soll mich nicht reuen."

Anna war nicht gekommen.

Es blieb alles still. Schon wollten andere Genossen aus der Kolonne ihre Frauen kommen lassen, als der Krach im ersten Wachzug ausbrach. Eine Anzahl SS-Leute sollte entlassen werden, weil kein Geld für Löhnung da war. Der Kommandant hielt den Entlassenen eine Rede über Pflichterfüllung und dass deutsch sein heisse, eine Sache um ihrer selbst willen tun. Er versprach ihnen Wiedereinstellung, sowie das Lager vergrössert sei. Die SS-Leute hörten sich die Rede stumm an. Am nächsten Morgen war an die Tür der Wachstube mit Teer gemalt:

> Wir kämpfen nicht für Deutschlands Ehre,
> Nur für die alten Millionäre.

Der Kommandant liess zehn SS-Leute, die das Lager bereits verlassen hatten, verhaften und zurückbringen. Alle beteuerten ihre Unschuld. Um sie geständig zu machen, wurden sie in den Bunker geworfen. Der Vorfall zog weitere Kreise. Von der SS griff er auf die Häftlinge über. Es wurde bekannt, dass in fast allen Arbeitskolonnen unerlaubte Diskussionen zwischen Häftlingen und Wachtposten stattfanden, dass die Gefangenen in den Dörfern Tabak oder Zigaretten kauften — es war ihnen streng verboten, Geld mit sich zu führen — dass das Rauchverbot mit Wissen und Dulden der Wache umgangen wurde und dass Briefe hin- und hergeschmuggelt worden waren. Die Lagerverwaltung wütete. Ein Teil der SS-Wache wurde gewechselt, fünfundzwanzig Mann der Wache wurden als „Sonderhäftlinge" im Lager behalten. Sämtliche Arbeitskolonnen wurden aufgelöst und neu zusammengestellt. Auch unser Schieber fiel der „Reorganisierung" zum Opfer. In der Polizeiabteilung hatten sie es ihm nicht vergessen, dass er damals, trotz Bunker und Prügel, sich geweigert hatte, den wildernden Posten zu nennen. Jetzt nahmen sie Rache an ihm. Er wurde beschuldigt, Nachrichten über das Lager an die KPD geliefert zu haben und sollte seine Helfershelfer in der SS nennen. Zuerst versprachen sie ihm Straffreiheit, wenn er aussage. Darauf erwiderte er: „Ich habe mit der ganzen Sache nichts zu tun. Aber abgesehen davon, würde ich keinen SS-Mann verraten."
Sie schlugen ihn, bis er sich nicht mehr vom Boden erheben konnte.

Ich kam in ein neues Arbeitskommando, wo ich fremd war und keinen Genossen kannte. Es war vorbei mit dem gemütlichen Tempo von Deich II. Die SS-Wache prügelte uns, wenn wir nicht schnell genug die Loren füllten und den Berg hinauf zogen. Gesprochen wurde den ganzen Tag über nur das unentbehrlichste. Am Abend ging das Gerücht im Lager, der Schieber werde erschossen. Sein Satz: „Ich würde keinen SS-Mann verraten", machte die Runde.

Nach zwei Tagen wurde der Schieber in den Stehbunker gebracht. Die Stehbunker waren Zellen, 80 Zentimeter breit, 50 Zentimeter tief und 1,80 m hoch. Der Häftling konnte darin nur aufrecht stehen. Ein paar kleine Löcher in Mundhöhe versorgten ihn mit Luft. Es waren stehende Särge, von der Lagerschreinerei nach Anweisungen des Kommandanten gebaut. Damit die Eingekerkerten unter allen Umständen daran verhindert wurden, sich niederzukauern, waren die Fussböden steil abgeschrägt. Meine Beschreibung, dass der Häftling in diesen Särgen nur aufrecht stehen konnte, ist infolgedessen ungenau. Er konnte nicht aufrechtstehen und fiel mit dem Kopf vornüber an die Tür. Nach einigen Stunden begannen seine Fussgelenke anzuschwellen, und wenn nach vierundzwanzig Stunden der Sarg geöffnet wurde, schlug der Häftling wie ein Stück Holz heraus.

In einer solchen Zelle wurde der Schieber, der von den Misshandlungen schwer krank sein musste, drei Tage und Nächte gehalten. Die Polizeiabteilung wollte ihn zum Selbstmord treiben, aber sie wusste nicht, dass die Posten nachts seine Tür öffneten und ihn heraussliessen, damit er sich bewegen konnte. Sie brachten ihm Wurststullen und Kaffee und rieben ihn ein. Sie hatten Angst, er würde am Ende doch aussagen.

Nach drei Tagen wurde der Schieber abermals vernommen. Er blieb bei seiner ersten Aussage. Sie steckten ihn in das

Strafkommando und empfahlen ihn der besonderen Aufsicht der Wache. Es dauerte nicht lange und das Strafkommando hatte ihn stillschweigend zu seinem Schieber gemacht.

VII.

ARBEIT IM LAGER

Die Arbeit übte ihre Wirkung auf die Häftlinge aus. Für nicht wenige Erwerbslose war das Lager der erste Ort, wo sie seit Jahren wieder einmal ihre alte Geschicklichkeit anwenden konnten. Die Arbeit half ihnen zeitweise vergessen, dass sie Zwangsarbeit leisteten, dass Posten mit entsichertem Karabiner hinter ihnen standen und sie am Abend, statt nach Hause zu gehen, in die dunklen Keller mussten.

In den Handwerkerstuben zeigte sich das am deutlichsten. Die gefangenen Schreiner, Schuster, Mechaniker, Friseure, waren froh, ihre Gedanken auf ihr Handwerk richten zu können. Sie zeigten gern, dass sie was gelernt hatten, und ihr Berufsstolz machte es ihnen nicht immer leicht, der stummen Parole der KPD im Lager zu folgen und Sabotage zu üben, wo immer es möglich war. Es entstand dort sogar eine Art von Interessen-Gemeinschaft zwischen den Häftlingen und der unteren SS. Die Gefangenen waren froh, sich vor der schweren Aussenarbeit drücken zu können, die mit der einsetzenden Kälte immer unerträglicher wurde. Die SS wusste es zu schätzen, dass sie kostenlose Bedienung erhielt.

Der Zwischenfall mit den städtischen Delegierten war dafür kennzeichnend.

Als die Hubertshofer Nazis zum ersten Mal hörten, dass die alten Weinkellereien des Ortes für ein Konzentrationslager benutzt werden sollten, brachen sie in laute Begeisterung aus, einmal der Ehre wegen, die ihrem Ort zuteil wurde, und dann auch, weil sie sich ein gutes Geschäft versprachen. Es würden Besucher kommen, sowohl für die Gefangenen wie für die SS; die Gasthäuser und Läden könnten an beiden profitieren, und eine SS-Wache von mehr als hundertfünfzig Mann mit den zahlreichen Offizieren würde auch eine Menge Geld im Ort lassen. Auf diese frohen Hoffnungen fiel ein Schatten, als das Lager daran ging, seine eigenen Handwerkereien einzurichten. Die SS liess sich nicht für zwanzig Pfennig bei einem der ansässigen Barbiere, sondern umsonst im Lager rasieren. Sie brachte ihre Stiefel in die Lager-Schuhmacherei und die Lager-Werkstatt reparierte nicht nur alle Automobile für die SS, sondern erhielt auch schon von draussen Aufträge. Statt eine Quelle des Wohlstandes für Hubertshof zu werden, trat das Lager als Konkurrenz für die Kleingewerbler auf, und zudem noch als Schmutzkonkurrenz, die keine Löhne zahlte.

Die Stimmung der Hubertshofer Patrioten schlug aber rasch um.

Immer mehr Klagen wurden laut, dass die SS ihre Zeche in den Lokalen nicht bezahlte und die Hitler-Mädchen schwängerte. Eines Tages erschien eine Abordnung der Handwerker-Innungen beim Kommandanten des Lagers, um ihre Beschwerden vorzulegen. Sie baten mit Heil-Hitler um die

Auflösung der Lager-Handwerkereien. Der Kommandant liess sie verhaften, hielt sie achtundvierzig Stunden im Lager und drohte, sie sechs Monate in Schutzhaft zu nehmen, wenn sie nochmal Einrichtungen seines Lagers zu kritisieren wagten. Die Wache erzählte die Geschichte in den Handwerkerstuben und freute sich mit den Häftlingen über den Reinfall der Hubertshofer Spiesser.

Die Kommunisten waren sich der Gefahren einer unabsehbar langen Schutzhaft bewusst. Es kam darauf an, die Moral der Häftlinge zu erhalten und dauernd daran zu erinnern, dass jeder Spatenstich, den wir taten, zu Gunsten Hitlers getan wurde. Die beste Methode, den Kampfgeist der Gefangenen wach zu halten, war organisierte Arbeitssabotage. Sie wurde in allen erdenklichen Formen ausgeübt: langsamstes Arbeitstempo, Beschädigung der Arbeitsgeräte, besonders von Hacken, Schippen und Aexten, indem man ihre Stiele abbrach oder die Schneide mit aller Gewalt in die Steine stiess, Lösen von Laschen an den Schienen, um die Loren zum umkippen zu bringen, zu schnelles Zurücklassen der Loren, so dass sie aus den Gleisen sprangen und im Uferschlamm versanken. Unter den Augen der Wache wurde diese Sabotage getrieben. Die Arbeiter, die jedes Material und alle Arbeitsgeräte durch und durch kannten, wussten auch, wie man sie am besten unbrauchbar machte.

Das Verhalten der Gefangenen gegenüber der Arbeit im Lager war ein Prüfstein für ihre politischen Qualitäten. Allein nach diesem Merkmal konnte man die kommunistischen und sozialdemokratischen oder parteilosen Häftlinge voneinander sondern. Auch hier waren die Kommunisten die Aktiven, die Sozialdemokraten die passiven oder zumindest zögernden Elemente. In der neuen Arbeitskolonne, der ich zugeteilt worden war, kam es nach kurzer Zeit zu dem politischen Scheideprozess, der zeitweise für sämtliche Arbeitskommandos charakteristisch war.

Die Verwaltung hatte uns bei der Umorganisierung aller Aussenkommandos absichtlich durcheinandergewürfelt, um die Anknüpfung neuer Fäden zwischen den Häftlingen und der SS-Wache zu erschweren. Es hatte in Anbetracht der verschärften Kontrolle noch keine politische Wanderung von und zu anderen Gruppen einsetzen können. In meiner Kolonne waren fünf Kommunisten, drei Sozialdemokraten und ein parteiloser Student, der verhaftet worden war, weil die Polizei bei einer Razzia ein paar alte Nummern der pazifistischen Zeitschrift „Die Weltbühne" in seinem Zimmer gefunden hatte. Keiner kannte den anderen näher. In den ersten Tagen sprach kaum einer ein Wort, das nicht im Zusammhang mit der Arbeit nötig gewesen wäre. Aber nach etwa einer Woche war die politische Trennungslinie in der Kolonne wie mit dem Messer gezogen. Der erste Zusammenstoss fand zwischen Dick und Petersen statt, die bei der Arbeit nebeneinander standen. Dick sagte zu Petersen: „Du schuftest ja, als ob Du's bezahlt bekämst."

Petersen, ein etwas beschränkter Mann, hatte es sicher nicht darauf angelegt, einen guten Eindruck bei der Wache zu schinden. Er arbeitete wie er es gewöhnt war und beschleunigte, ohne es zu wissen oder zu wollen, sein Tempo mehr und mehr. Dadurch zwang er seine Nebenleute, mit ihm Schritt zu halten. Das ereignete sich einmal, zweimal, dreimal. Dick, für den es jetzt eine grundsätzliche Frage geworden war, trieb passive Resistenz. Zwei, drei andere folgten ihm. Als der Posten aufmerksam wurde, und sie die Sabotage aufgeben mussten, nannten sie Petersen wütend einen Streikbrecher. Petersen wurde halsstarrig und schimpfte Dick einen Faulenzer. Dick erklärte, er sei stolz darauf hier im Lager ein Faulenzer zu sein. „Faulenzer ist Faulenzer, hier oder draussen", entgegnete Petersen. Die Kommunisten ergriffen Partei für Dick, die Sozialdemokraten für Petersen.

Die Stimmung in der Kolonne war von nun an gespannt. Petersen setzte seinen Stolz hinein, zehn Loren täglich mehr zu laden, Dick beobachtete ihn mit feindseligen Blicken und murmelte Verwünschungen und Drohungen vor sich hin. In den Pausen verzehrten die beiden Parteien ihre Schmalzstullen getrennt. Der Pazifist wusste nicht, wem er sich anschliessen sollte und kam einmal zu uns, einmal zu den Sozialdemokraten. Er versuchte zu vermitteln, aber er hatte keinen Erfolg.

Die typische Situation der Arbeiterbewegung wiederholte sich im Lager. Die Kommunisten waren im Angriff, die Sozialdemokraten in der Verteidigung. Es war nicht das zahlenmässige Uebergewicht der KPD-Häftlinge, von der die Haltung der beiden Parteien bestimmt wurde, sondern die Logik der politischen Situation. Ernsthafte Diskussionen kamen selten zustande, nicht nur wegen der Kontrolle, die hätte bei der Aussenarbeit umgangen werden können, sondern weil die Sozialdemokraten auswichen.

Dazu kam der Altersunterschied. Die Sozialdemokraten waren meistens ältere Männer, über vierzig, die jüngeren Häftlinge gehörten fast ausschliesslich zur KPD. Ein alter Sozialdemokrat aber lässt sich nicht gern von einem jüngeren Kommunisten belehren, besonders nicht ein deutscher, der sich mit Stolz daran erinnert, dass seine Partei eine Tradition von 65 Jahren hinter sich hat.

Die Nazis unterschieden sehr genau zwischen KPD und SPD, auch wenn sie beide Parteien als „marxistisch-jüdisch" stets im selben Atemzug nannten. Die verschiedenartige Beurteilung, die Kommunisten und Sozialdemokraten im Lager erfuhren, sagte in dieser Hinsicht mehr als alle Worte. Zuerst einmal waren von den tausend Häftlingen — die Zahl schwankte je nach Neueinlieferung, Abschiebung in Gefängnisse und andere Lager und Entlassungen -- nicht mehr als hundertfünfzig Sozialdemokraten. Sie waren nicht als Mitglieder der SPD verhaftet worden, sondern als Be-

triebsratsvorsitzende, Stadtverordnete, Gewerkschafts-Sekretäre usw., abgesehen von einigen Fällen, bei denen es sich um persönliche Rache oder geschäftliche Konkurrenz handelte. Die Kommunisten waren verhaftet als Kommunisten, nicht nur als bekannte Funktionäre, sondern als einfache Mitglieder der KPD. Selbstverständlich suchte die Geheime fieberhaft nach den KPD-Funktionären, und eine Frage, die in jedem Verhör auftauchte und von den Häftlingen wegen ihrer Folgen nach Möglichkeit abgeleugnet wurde, war: „Welche Funktion in der Partei?" Aber es genügte, einfaches Parteimitglied zu sein oder in dem Verdacht zu stehen, mit der KPD zu sympathisieren, um in Schutzhaft genommen zu werden. Ebenso war in der B e - h a n d l u n g der Häftlinge ein klarer Unterschied zu sehen. Nicht-kommunistische Rechtsanwälte, Aerzte oder andere „Akademiker" hatten — sofern sie keine Juden waren — keine Gleichschaltung zu befürchten. Bei solchen Leuten wusste der Kommandant nicht recht, woran er war. Sie hatten Beziehungen im In- und Ausland, man wusste nie, ob sie die Verwaltung nicht in Scherereien bringen konnten. Schliesslich musste die Regierung doch ihre Gründe haben, warum sie Noske eine Pension bezahlte und Löbe und Severing frei herumlaufen und Interviews geben liess. Solche „besseren Leute" erhielten Druckposten im Innendienst; ein sozialdemokratischer Rechtsanwalt sass in der Schreibstube und bearbeitete Rechtsfälle für die SS, ein bekannte Schriftsteller führte Buch in der Postabteilung. Sie waren im Verkehr mit den SS-Offizieren sehr dienstbeflissen und hatten nichts besonderes zu befürchten. Doch nur, sofern sie keine Juden waren. Juden, ob Kommunisten oder Sozialdemokraten oder Pazifisten, wurden mit der gleichen Grausamkeit misshandelt und wie Pestkranke isoliert.
Ebenso furchtbar und brutal war die Behandlung kommunistischer Intellektueller. Auf sie konzentrierte sich der

Hass der SS-Offiziere. Sie waren in ihren Augen die gefährlichsten Verderber des deutschen Volkes, die den Arbeitern die geistigen Waffen für den Klassenkampf geliefert hatten und vom Gesichtspunkt nationalsozialistischer Erziehung aus betrachtet hofnungslose Objekte waren. Sie wurden mit besonderer Grausamkeit gleichgeschaltet. Die Verwaltung gab ihnen die schwersten Aussenarbeiten und trug den Posten auf, ein besonderes Auge auf sie zu haben. Für alle Verstösse gegen die Lagerordnung wurden sie zuerst verantwortlich gemacht.

Es gab Ausnahmen von der Regel. Ein paar SS-Offiziere verfolgten mit besonderem Hass die p a z i f i s t i s c h e n Intellektuellen. „Landesverräter" und „Schleimer" nannten sie sie. Für nicht wenige dieser Landsknechttypen war die „Entmannung" Deutschlands durch die sozialdemokratisch-pazifistische „Erfüllungspolitik" die schwerste Schuld der November-Verbrecher. Sie verziehen eher den Besitz eines Armee-Revolvers bei einem RFB-Mann, als die „Weltbühne" in der Bibliothek eines Studenten. In ihrer Bewunderung der männlichen Tat gingen sie mitunter so weit, zu zeigen, dass sie Respekt vor der Kommune hatten, die bei unzähligen Zusammenstössen in politischen Versammlungen, Kundgebungen und Demonstrationen ihren Mann gestanden hatte und weder vor der SA noch vor der sozialdemokratischen Polizei zurückgewichen war. Als eines Tages ein kommunistisches Waffenlager ausgehoben und ins Lager transportiert wurde, sagte ein hinzukommender SS-Offizier, die Waffen musternd: „Die Kerle haben wenigstens Mumm in den Knochen. Das muss man ihnen lassen." Ueber „Reichsjammer" und SPD, „die Helden des Wahlzettels", lachten sie.

Bei dem Gros der unteren SS war kaum ein Unterschied in der Behandlung der verschiedenen politischen Gruppen zu bemerken. Sie prügelten alle gleichmässig. Ungebildet, ohne die geringsten politischen Kenntnisse und Interessen, gedrillt auf blinden Gehorsam, waren die meisten von ihnen nur gut zum Schlagen, Griffe-Klopfen und Saufen. Löhnung, Urlaub, Kneipe und Mädchen waren ihre ewigen Gesprächsthemen. Wenn sie nicht von den Offizieren aufgeputscht wurden, liessen sie uns bei der Arbeit in Ruhe. Viele sahen es sogar nicht ungern, wenn wir bummelten. Sie hatten kein Interesse daran, den Unternehmern, die uns für 50-80 Pfennig pro Tag vom Lager gemietet hatten, zu helfen an uns reich zu werden. Aber wir konnten nie vor ihren Brutalitäten sicher sein. Die hirnverbranntesten Gerüchte über Revolte-Pläne oder Attentats-Versuche genügten, um sie in wilde Tiere zu verwandeln. In einem Gefühl dauernder Unsicherheit, was in dem einzelnen Häftling und im Lager vor sich gehe und mit dem Bedürfnis des Kleinbürgers, die eigenen Zweifel an seiner „revolutionären" Tätigkeit und die Angst vor ihren Folgen durch neue Beweise seines Mutes zum Schweigen zu bringen, gingen sie ohne Besinnen auf jede Provokation ein, die sich die Offiziere und Unteroffiziere ausgedacht hatten. Es genügte, dass Schinderknecht, der doch die geringste Autorität bei ihnen besass, morgens vor dem Abrücken der Aussenkommandos auf dem Hof herumtobte, er habe Nachrichten, dass in einer Kolonne heute ein Fluchtversuch beabsichtigt sei, um die Posten für Tage rabiat zu machen. Dann trieben sie uns bei der Arbeit mit den Gewehrkolben an, erlaubten uns nicht weiter als fünf Schritte von der Arbeitsstelle auszutreten und verboten rücksichtslos jede Unterhaltung.

Ein besonderes Hindernis für eine Verständigung zwischen SPD- und KPD-Gefangenen ergab sich aus dem Umstand, dass Mitglieder beider Parteien aus denselben Betrieben und Wohnorten im Lager waren, Arbeiter und Funktionäre, die sich von früher kannten.

Ich erinnere mich an einen Sozialdemokraten, der in seiner Eigenschaft als Vorsitzender des Betriebsrates einer gros-

126

sen Maschinenfabrik in Mitteldeutschland seine Lebens-
aufgabe darin gesehen hatte, alle Kommunisten aus dem
Betrieb zu werfen und jeden Streikversuch der Belegschaft
abzuwürgen. Er war in der kommunistischen Presse wiederholt als Streikbrecher und Unternehmer-Agent gebrand-
markt worden, und die Kommunisten hatten es nicht vergessen. Mit einem solchen Lumpen auch nur sprechen?
Kam gar nicht in Frage. Noch erbitterter waren sie über
einen SPD-Häftling, der früher ein hoher Staatsbeamter
gewesen war und als solcher die Notverordnung der Brü-
ning- und Papen-Regierung durchgeführt hatte, die so
schweres Elend für die Massen bedeuteten.

Seine kommunistischen Landsleute erkannten ihn, wie ihn
die Geheime einlieferte, wenn er jetzt auch wieder erheblich
proletarischer aussah, als in den guten Zeiten, da er ein
Monatsgehalt von tausend Mark bezogen und die Unter-
stützungssätze der Erwerbslosen von zehn auf sechs Mark
in der Woche gekürzt hatte.

Es wäre leichter gewesen, ruhig über die Vergangenheit
zu sprechen und gemeinsam die Zukunft vorzubereiten,
hätten nicht diese Gesichter die Bitterkeit der letzten
Jahre jeden Tag aufs Neue heraufbeschworen.

Wurde ein bekannter SPD-Funktionär entlassen, so beglei-
teten die KPD-Häftlinge seinen Abzug gern mit ironischen
Bemerkungen. „Eine Hand wäscht die andere" und „eine
Krähe hackt der anderen die Augen nicht aus." Die sozialdemokratischen Gefangenen waren sehr über die KPD-
Leute empört. Sassen sie nicht ebenso lange in Schutzhaft,
waren sie nicht ebenso durch die Gleichschaltung und die
Verhöre gegangen, hatte die SA und SS sie nicht mit der
gleichen Brutalität nachts aus den Betten geholt und verschleppt! In manchen kleineren Provinzstädten und Dörfern, wo die KPD schwach und das Reichsbanner stark gewesen war, hatte der Kampf gegen Hitler unter sozialdemokratischer Führung gestanden. Es war ihnen ernst damit

gewesen, sie hatten die Nazis in Saalschlachten zusammen-
gehauen, sie waren zusammen verhaftet worden, ihre Führer teilten jetzt ihr Los. Sollten sie sich von den Kommunisten madig machen lassen? Wurden denn nicht auch
bekannte Kommunisten aus der Schutzhaft entlassen?
Die Entlassungen sagten tatsächlich oft nichts über die Per-
son des Entlassenen. Sie zeigten nur das vollkommene
Durcheinander, das in der Geheimen Staatspolizei und dem
preussischen Innenministerium herrschte. Monatelang versuchten wir, auf Grund der stattfindenden Entlassungen
die allgemeinen Richtlinien für die Aufhebung der Schutzhaft herauszufinden, bis wir endlich dahinterkamen, dass
es keine Richtlinien gab. Nur so liessen sich Fälle erklären,
dass bekannte kommunistische Funktionäre nach acht Wochen freigelassen wurden, und dass unpolitische Arbeiter und
Kleinbürger acht Monate sassen. Aber gab es auch keine
allgemeinen und zentralen Anweisungen, so lernten wir
doch mit der Zeit die Routine bei den einzelnen Instanzen
kennen. Häftlinge, die von der Geheimen Staatspolizei aus
eingeliefert worden waren, hatten eine Chance, nach ein
paar Monaten frei gelassen zu werden, falls kein Hochver-
rats-, Landesfriedensbruch- oder Landesverrats-Verfahren
gegen sie eröffnet wurde. Häftlinge, die von der örtlichen,
dem Landrat des Kreises unterstellten Polizei oder von den
lokalen SA-Gruppen verhaftet worden waren, sahen sich
schrankenloser persönlicher Willkür ausgeliefert. Die Gestapo (Geheime Staats-Polizei) war trotz Herrn Diehls'
Aeusserung, dass man zu dem Beruf der politischen Polizei die nötige Passion mitbringen müsse, ein bürokrati-
scher Betrieb, der in ein paar Wochen so aufgebläht worden
war, dass kein Beamter sich mehr durch die Flut von Akten,
Orders und Gegenorders durchfand. Die Zusammenarbeit
mit der regulären Polizei klappte nicht. Die einzelnen Ab-
teilungen der Gestapo arbeiteten planlos nebeneinander
her. Die eine liess Verhaftete laufen, die von der anderen

dringend gesucht wurden. Es war für die Beamten unmöglich, jedem einzelnen Fall nachzugehen. Lag kein Material für ein Gerichtsverfahren vor, so stopfte man die Gefangenen erst einmal in die Konzentrationslager, und wenn sich auch nach den Verhören in den Lagern nichts Konkretes gegen sie ergeben hatte, so verloren Herrn Diehls passionierte Menschenjäger das Interesse an dem Fall. Es gab lohnendere Beute. Dann kam es darauf an, die Gestapo zu erinnern, dass der Häftling X seit Monaten im Lager war. Hier eröffnete sich den Nazi-Rechtsanwälten ein weites Arbeitsgebiet. Nachdem diese Pfleger des Rechts sich überzeugt hatten, dass es sich um einen ungefährlichen Fall handelte, übernahmen sie die „Vertretung" des Schutzhäftlings —— unter der Voraussetzung eines guten Honorars. Das Geld jüdischer Familien stank nicht in ihrer Tasche, und aus dem Leid und Hunger von Arbeiterfrauen schlugen sie gute Münze. Kümmerte sich niemand um den Häftling, so war er ein lebendig begrabener Mann.

Das Schicksal der von den Kreis-Landräten oder den Nazi-Ortsgruppen Verhafteten war noch ungewisser. Der Landrat wollte vor seiner vorgesetzten Behörde, dem Innenministerium, als starker Mann erscheinen und fürchtete für seinen Ruf, wenn er in seinem Kreis etwa mehr Entlassungen befürwortete als seine Kollegen. Ausserdem hatte er zuvor den Gauleiter der NSDAP um seine Zustimmung zu bitten, der seinerseits bei der betreffenden Ortsgruppe nachfragte.

Hier setzte die Mitarbeit des Kleinbürgertums an der Ausübung der Staatsgewalt ein. In seine Hände, glaubte es, war das Wohl und Wehe des neuen Staatswesens gelegt, und verantwortungsbewusst kam es seiner Pflicht nach, über das Proletariat zu richten.

Es genoss den Rausch der ungewohnten Macht. Es wäre nicht das deutsche Kleinbürgertum gewesen, diese zermanschte Klasse, die niemals imstande war, die Macht zu erobern und der die Knechtseligkeit widerstandslos geduldeter Unterdrückung im Blut liegt, hätte es nicht den erbarmungslosesten und korruptesten Gebrauch von den ihm jetzt übertragenen „Rechten" gemacht. Endlich konnten sich aller persönlicher Hass und alle nachbarliche Rache ungehindert ausleben.

In unserer Kompagnie befanden sich drei Sozialdemokraten aus einem Ort, die seit März verhaftet waren, ohne dass die geringste politische Anklage gegen sie vorlag. Der eine war Leiter des Arbeiter-Konsums gewesen, der zweite besass eine kleine Kneipe, dem Dritten fehlte jedes berufliche oder politische Erkennungszeichen, er war einer jener alten Sozialdemokraten, deren politische Tätigkeit darin bestand, auf den Zahlabenden der Partei ein paar Glas Bier zu trinken. Die zweite Kneipe im Ort gehörte dem Leiter der Nazi-Ortsgruppe, der seinen lästigen Konkurrenten kurzerhand in Schutzhaft genommen hatte. Die Stelle des Konsum-Leiters war inzwischen ebenfalls von einem Nazi besetzt worden. Alle Gesuche der Familienangehörigen der Gefangenen, alle Eingaben an das Ministerium scheiterten an dem Nein der Ortsgruppe, die auch den Dritten nicht begnadigte, um den Verhaftungen nicht ihren dünnen politischen Anstrich zu nehmen.

VIII.

DER STUDENT MICHAELIS

Die Schutzhaft hatte den Studenten Michaelis über Nacht unter diese Arbeiter geworfen, deren Leben und Interessen ihm fremd waren. Hier im Lager, wo sie sich fast nur in Andeutungen und Wortfetzen untereinander verständigten, kam er sich erst recht als Fremder unter ihnen vor. Er fühlte sich einsam. Ihre Sorgen konnte er nicht teilen. Seine Nöte waren von anderer Art.

Michaelis gehörte zu den aufgeklärten bürgerlichen Intellektuellen der ersten Nachkriegsperiode. Sie waren gefühlsmässige Pazifisten und verabscheuten den Krieg als Barbarei. Sie glaubten an den Fortschritt der Menschheit durch ein besseres Schulsystem, waren tolerant gegen Andersdenkende, sprachen anerkennend über die Sauberkeit der italienischen Hotels, seitdem Mussolini am Ruder war, verteidigten in Gesprächen das neue Russland, forderten eine sozialere Steuerverteilung und grössere Höflichkeit der Polizei- und Postbeamten im Verkehr mit dem Publikum. Von der Arbeiterbewegung kannten sie den Partei-Klatsch, und je nachdem sie Helmut von Gerlach oder Ivan Katz gelesen hatten, sprachen sie von der Wahnsinnspolitik der KPD oder vom Verrat Moskaus an der Weltrevolution.

Solche fortschrittlichen Auffassungen hatte auch der junge Wissenschaftler Michaelis vertreten. Im Grund war für ihn alles, was nicht mit seinem Fachgebiet zusammenhing, eine Angelegenheit zweiten und dritten Ranges. Die Fragen des öffentlichen Lebens überliess er gern andern. „Politik" verabscheute er. Sie war ihm „zu schmutzig". Wenn die Arbeiter im Lager ihm klar zu machen versuchten, dass ihr ganzes Leben ein Element „der Politik" sei, so sagte er: „Wo Ihr nicht überall den Klassenkampf entdeckt!"

Die Arbeiter behandelten ihn anfangs mit gutmütigem Spott, und er liess sich den „Doktor", „Professor" und „Gedankenathleten", wie sie ihn anredeten, mit der milden Freundlichkeit eines Mannes gefallen, der weiss, dass aus seiner Seelen-Einsamkeit keine Brücke zur stumpfen Masse führt.

Unter den Bedingungen der Gefangenschaft ging indessen die Ueberlegenheit des Studenten Stück um Stück zuschanden. Den nachhaltigsten Stoss erlitt sie durch die Arbeit. Es fiel ihm schwer, die dicken Bohlen zu schleppen, beim Pfähle-Rammen mit den Arbeitern Takt zu halten und beim Ausheben der Gräben nicht zurückzubleiben. In den Sümpfen wurde aus dem Olympier ein ungelernter Erdarbeiter, der sich nach den erfahrenen Proleten rat- und hilfesuchend umsah.

Auch bei andern praktischen Fragen musste Michaelis die Ueberlegenheit der Arbeiter anerkennen. In der Technik des Bettenbauens, Tabak-Beschaffens und der Umgehung der Schinderknecht'schen Appelle war er auf ihre Hilfe angewiesen. Da das Leben im Lager leider aus solchen irdischen Dingen bestand, so musste der Student, ob er wollte oder nicht, schliesslich einsehen, dass für die Zeit der Haft die Interessen der Arbeiter auch seine waren und dass er gut daran tat, ihrem Rat und Beispiel zu folgen.

Gut, sagte er sich im Stillen, für die Zeit der Haft. Mit den Wölfen muss man heulen.

Das war der Anfang. Sobald er sich einmal der Führung der Arbeiter unterstellt hatte, soweit es sich um die T e c h - n i k des Lagerlebens handelte, begannen natürlich auch ihre Ideen und Gedankengänge ihn zu interessieren. Je näher er sie kennen lernte, umso schneller gab er die alte Vorstellung auf, dass sie stur, langweilig und geistig träge wären. Er begann, ihre Geschicklichkeit und Schlauheit zu bewundern. Die undifferenzierte Masse der Arbeiter löste sich ihm auf in viele Einzel-Persönlichkeiten, und sie lehrten ihn, dass sein Schicksal kein aussergewöhnliches war. Angesichts ihrer Verständnislosigkeit, das Leben ,,von einer höheren Warte" aus zu betrachten, gab er schliesslich den Weltschmerz auf, der dem deutschen Intellektuellen so lieb ist.

Mit mir sprach er oft über Dinge, die er vor den andern nicht behandeln wollte. Er fürchtete ihren Spott. Mit mir könne man wenigstens wie mit einem normalen Menschen sprechen, meinte er. Ich sei ,,nicht so fanatisch", wie Dick und die meisten Kommunisten.

Was er in diesen Gesprächen äusserte, habe ich im folgenden möglichst wortgetreu festzuhalten versucht.

Heute sind es fünf Monate und noch immer keine Mitteilung, warum ich in Haft gehalten werde und noch immer keine Aussicht auf Entlassung. Die Geschichte spielt mir einen Streich, sie schlägt mich mit meinem Argument: meiner Parteilosigkeit. Hätten die Kommunisten gesiegt, wäre ich vielleicht auch eingesperrt worden, mit ebensoviel Recht und Unrecht. Ich bin beiden Seiten verdächtig, weil ich keiner angehöre. Die anderen Häftlinge wussten im Voraus, was ihnen bevorstand, wenn ihre Feinde siegten. Mir geht es wie den kleinen neutralen Staaten im Krieg, die von den grossen solange geprügelt werden, bis sie sich einer Seite anschliessen. Auch im Bürgerkrieg scheint es keine Neutralität mehr zu geben.

Und doch besser hier zu sitzen, als sich an diesem unmenschlichen Treiben zu beteiligen. Ein Teil der Menschen tötet den anderen, beraubt ihn seiner Freiheit, quält ihn. Und sie finden Argumente, dass sie im Recht sind und im Recht handeln. Grauenhaft, wie diese Nation „Dichter und Denker" produziert, die jede Scheusslichkeit verherrlichen.

Die alten Gedanken über den Sinn des Lebens gewinnen wieder Kraft über mich. Zu lächerlich, den endlosen Zirkel noch einmal zu durchwandern. Else hat geschrieben, dass ihre Schwester jetzt gestorben ist und wir zusammen leben können, wenn ich frei bin. Was hätte mir noch vor einem halben Jahr diese Aussicht bedeutet: Studium, Liebe, gleichgesinnte Freunde —— eine Welt offen vor mir. Statt dessen jetzt Knebelung des Geistes und der Wissenschaft; die Religiosität missbraucht von dem übelsten Zuhälter der Gewalt, dem Feldprediger; die Philosophie im Dienste des Militarismus und die Erziehung der Jugend in den Händen der Soldateska. Was erwartet mich draussen „in der Freiheit"? Ein anderes Konzentrationslager, nicht weniger mörderisch für Geist und Gewissen und tausendmal hoffnungsloser durch den Anblick „bekehrter" Gegner und die Begeisterung der geistig Armen. Auswandern? Wohin? Gibt es noch Oasen der Freiheit? Die ganze Welt geht schwanger mit Gewalt und Vergewaltigung.

Was hält mich und die anderen, die sich nicht verkauft haben, noch am Leben?

Hatte ein Gespräch mit B. Es fing an mit einer Diskussion über Remarque. Er gab die formal-literarische Qualität des Buches zu, behauptete aber, es sei inhaltlich ein vollkommener Versager. Zeige keinen Weg zu einem neuen Leben. Er glaubt nicht, dass es genügt, den Menschen die

Sinnlosigkeit und das Verbrechen des Krieges zu zeigen, um neue Kriege zu verhindern, nennt mich einen „Idealisten", was in seinen Augen gleichbedeutend ist mit Utopist, Sterngucker und potentiellem Knecht der „Bourgeoisie". Ich sagte ihm, dass er damit das Todesurteil über den menschlichen Geist, die Vernunft, die Philosophie, kurz über alles das spreche, was den Menschen zum Menschen macht und vom Tier unterscheidet. Aber er ist einer von den Kommunisten, die auf jedes Argument mit einem heiligen Zitat antworten. Die herrschenden Gedanken einer Zeit seien immer nur die Gedanken der herrschenden Klasse gewesen, die Philosophien Klassenphilosophien, die Wissenschaft eine Klassenwissenschaft. Als ich einwandte, dass also auch der Marxismus eine Klassenwissenschaft sei, gab er das stolz zu. Ja, aber das Proletariat sei die aufsteigende Klasse und seine Wissenschaft daher die fortgeschrittenste der Zeit. Ich antwortete ihm, dass das Proletariat bisher nur in einem einzigen Lande aufgestiegen sei und in allen anderen Ländern eine Niederlage nach der anderen erlitten habe. Und es sei mir nicht bekannt, wodurch sich die Wissenschaft in diesem proletarischen Lande bisher so bewunderungswürdig überlegen gezeigt habe. Für meine „bürgerliche" Vorstellung, dass die Aufgabe der Wissenschaft in der Erforschung von Wahrheiten liegt, die für alle Gesellschaftsteile gültig sind, hat er nur Spott.

Das Lager ist eine unerschöpfliche Fundgrube für den Psychologen. Hier kann man den wirklichen Arbeiter studieren, nicht die farblose Idealfigur „proletarischer" Romane. Vorigen Freitag brachte die SS einen Ziegeleibesitzer, der angeblich verhaftet wurde, weil er seinen Arbeitern untertarifliche Löhne zahlte. Ein Teil der Häftlinge hier aus der Gegend kennt den Mann. Er ist tatsächlich berüchtigt als Halsabschneider und Leuteschinder. Die SS-Offiziere machten Stimmung unter den Häftlingen, den

„Kapitalisten" hochzunehmen. Ein Teil der Arbeiter fiel prompt auf die Provokation herein. Sie zogen ihm seinen guten Anzug aus und trieben in Gegenwart der SS ihre derben Spässe mit ihm. Gleichgültig, warum der Mann verhaftet wurde (er selbst erzählt, dass seine Frau ein Verhältnis mit dem Nazi-Ortsgruppenleiter seines Dorfes hat und die beiden ihn für eine zeitlang los sein wollten) — hier im Lager ist er ein Gefangener wie alle, und der „Klassenkampf" zwischen ihm und den Arbeitern eine billige Demagogie der SS.

Das Proletariat ist sicher die Klasse, die am sozialen Fortschritt am brennendsten interessiert ist. Es war auch die einzige Kraft, die den Faschismus auf seinem Wege wenigstens eine zeitlang aufgehalten hat. Das alles zugegeben. Aber wie trostlos, die Zerrissenheit dieser Klasse zu sehen! Das lässt sich schwer mit dem Glauben an die „historische Rolle" der Arbeiterschaft vereinbaren.
B. würde jetzt zweifellos mit dem Begriff „Klassenbewusstsein" ankommen. Aber ist nicht auch der sozialdemokratische Arbeiter klassenbewusst? Er ist organisiert, er kennt die Bedeutung der Arbeiterpartei und Gewerkschaft. Welches Klassenbewusstsein ist das richtige? Und wie kann ein und dieselbe Klasse ein richtiges und ein falsches Bewusstsein hervorbringen?

Was ist der Mensch?
Nimm den Scharführer Kall. Er hat buchstäblich die ganze Welt bereist, ist Kriegsteilnehmer, spricht fünf bis sechs Sprachen. Jetzt sitzt er hier im Lager, stiehlt Wurst aus der Küche, die für die SS-Wache bestimmt ist, liest begeistert die Platitüden des „Angriff" und lässt sich mit „Herr Unteroffizier" ansprechen. Die Erfahrungen seines ganzen Lebens reichen gerade aus, dass er sich in der Rolle eines subalternen Beamten wohl fühlt, der Lagergelder unter-

schlägt und sich an der erniedrigendsten Arbeit beteiligt, die ein Mensch tun kann, seine ihm wehrlos ausgelieferten Gegner umzubringen. Wie kann ein Mensch so seine ganze Vergangenheit vergessen und schänden? Sollen es wirklich die paar Mark sein, die er vom Lager bekommt? So niederschmetternd es ist, ich finde keine andere Erklärung.

Gestern entstand bei der Arbeit eine Diskussion über sexuelle Fragen. Der kleine Dreher gab das Stichwort, als er in seiner schnoddrigen Art plötzlich sagte: ,,Ich weiss nicht, er steht mir nicht mehr.'' Alle versicherten, die gleiche Erfahrung zu machen. Es ist tatsächlich so, dass von einer sexuellen Not nicht die Rede sein kann. Eigentlich erstaunlich, nach allem, was ich über Gefängnispsychose gelesen habe. Die Gründe wurden lang und breit erörtert. Der praktische Verstand der Arbeiter sucht nach handgreiflichen Erklärungen und begnügt sich mit ihnen. Die elende Kost und die schwere Arbeit wurden allgemein als Ursachen angesehen. Eine Streitfrage war, ob Soda in die Speisen gemischt würde oder nicht, auch ganz materialistisch. Aber kein einziger kam auf den Gedanken, dass der seelische Druck, der auf uns liegt, eine wichtige und vielleicht entscheidende Rolle spielt.

Der Verstand der Arbeiter ist völlig aufs Praktisch-Reale gerichtet. Psychologische Erörterungen hören sie sich ziemlich ratlos und stumm an, falls sie nicht einfach herauslachen. Sie gehen zum Lager-Gottesdienst, um Tabak zu bekommen. Sie machen sich über die Pfarrer lustig, die glauben, sie mit Tabak ködern zu können. Aber wenn ich ihnen sage, dass eine solche Handlung sich nicht mit der Ehre eines Freidenkers verträgt, spotten sie über ,,meine empfindliche Seele''. ,,Mensch, lass doch den Pfaffen Tabak für uns koofen'', sagen sie mir lachend.

Der Gleichmut, mit dem die Arbeiter die Haft tragen, ist bewunderungswürdig. In all den Monaten habe ich noch nicht ein einziges Wort der Klage von ihnen gehört. Wird einer oder der andere entlassen, so packt er äusserlich ganz ruhig und langsam seinen Pappkarton, den „Persilkoffer", wie sie ihn nennen. Er würde nie seiner Freude überschwänglichen Ausdruck geben. — „Kannst mal bei meinen Leuten vorbeigehen und ihnen einen Gruss ausrichten." Das ist die übliche Form, in der sie ihren heimkehrenden Kollegen einen Auftrag mitgeben. Sie sind sehr spröd, wo es sich um persönliche Dinge handelt. Ein paar, denen das Schreiben Mühe macht, haben mich gebeten, ihnen den monatlichen Brief zu schreiben. Sie diktieren mir:

„Liebe Frau!

Es geht mir gut, was ich auch von Dir hoffe. Hast Du diesen Monat die Unterstützung gekriegt? Vater soll ein Gesuch machen, dass das Wohlfahrtsamt die rückständige Miete bezahlt. Habe das Päckchen mit den zwei Hemden und dem Tabak bekommen. Vorige Woche ist August Heckmann entlassen worden. Denke, dass ich jetzt auch bald dran bin.

Nun Schluss für heute. Grüss die Kinder.

Mit Gruss ...."

Das Verhältnis der verheirateten Arbeiter zu ihren Frauen hat mich überrascht. Sie sind stolz auf sie, zeigen gern Familienphotos, besonders wenn sie kleine Kinder haben. Von ihren Töchtern sprechen sie zärtlicher als von ihren Jungen. Auch in ihren familiären Angelegenheiten sind sie ganz praktisch-materialistisch. Ihr Stolz äussert sich zum Beispiel so: ein paar Häftlinge waschen ihre schmutzigen Hemden am Brunnen mit kaltem Wasser. Ein anderer macht beim Vorübergehen eine Bemerkung. Die Hemden würden doch nicht sauber, sie sollten sie besser nach Hause schicken.

„So, und das Porto", sagt einer der Wäscher. „Meine Frau kriegt sechs Mark Wohlfahrt die Woche."

„Meine hat auch nicht mehr", entgegnet der andere, „aber sie schickt mir jeden Monat ein Paket mit sauberer Wäsche und zwei Päckchen Tabak."

Ein Häftling stopft seine zerrissene Wolljacke.

„Hab ich nicht nötig", sagt sein Nachbar, „macht Mutter zu Hause für mich."

Vielleicht liegt in diesem Stolz auch ein gutes Teil Kleinbürgerlichkeit, aber ich würde doch sagen, dass es vor allem das Gefühl ausdrückt: Auf die Frau kann ich mich verlassen. Die schlägt sich auch durch, wenn ich ihr nicht helfen kann.

Die Frage, die für mich in den letzten Jahren die brennendste war, existiert für den Arbeiter nicht: das Verhältnis zwischen dem Individuum und der Gesellschaft. Er fühlt sich als Teil einer Millionenmasse, und es kommt ihm gar nicht in den Sinn, dass hier Probleme liegen, die einem Intellektuellen vielleicht wichtiger sind, als das tägliche Brot. Der Arbeiter sieht seine Kraft in der grossen Zahl. Die Klasse ist für ihn der millionenfache Arbeiter. Wo sollen da Konflikte liegen? Je entwickelter das Individuum, umsomehr kann es zur gemeinsamen Sache beitragen. Was mir so wesentlich ist, meine Persönlichkeit, meine Eigenart, ist in ihren Augen eine Beigabe, gut, wenn verwertbar. Andernfalls ein Schnörkel oder eine Marotte. Sie verstehen mich nicht, wenn ich ihnen sage, dass Tausenden von Intellektuellen der Weg zu ihnen so schwer wird, weil sie fürchten, alles das preisgeben zu müssen, was ihnen teuer ist: Wissenschaft, Kunst, Literatur, die Freiheit des Gedankens, ein gewisser Lebensstil. Die Uniformierung, die Eintönigkeit und Grauheit des Massenlebens erschreckt uns. Dann antworten sie, das sei der alte Quatsch, hinter dem nichts anderes stecke als die Phantasielosigkeit von

139

Kleinbürgern, die jetzige Welt als ewig zu betrachten und ihre Angst am revolutionären Kampf teilzunehmen. Kein Arbeiter werde sich darum kümmern, was ich lese, ob ich ins Theater oder zu Konzerten gehe, was ich studiere. Wichtig sei allein, dass ich ein zuverlässiger Genosse sei, der sein Wissen und Können nicht nur für sich, sondern für die Sache der Arbeiter benutze. Wenn ich einwende, dass sie doch keine Gedanken- und Meinungsfreiheit anerkennen und doch jeden zwingen, den dialektischen Materialismus als die einzig wahre Philosophie zu akzeptieren, so erwidern sie, die Wahrheit einer Theorie erweise sich in der Praxis, und die Praxis des Klassenkampfes werde auch mir zeigen, dass der dialektische Materialismus die einzig brauchbare Philosophie für den Befreiungskampf der Arbeiterklasse sei. Dass Brauchbarkeit für einen Kampf noch kein Argument für die Wahrheit einer Theorie ist, wollen sie nicht einsehen. Gut, gut, auf dem Mond solle ihretwegen Schopenhauer oder Nietzsche recht haben, aber hier auf der Erde hätten Marx und Lenin recht. Und wovor ich sonst noch Angst habe, fragen sie. Ich könne mir ruhig blauseidene Krawatten kaufen und Pyjamas tragen, niemand werde meinen persönlichen Geschmack kritisieren, sie seien keine kleinbürgerlichen Tugendhelden. Aber als ich, um sie zu provozieren, fragte, wie es mit seidenen H e m d e n stehe, kam ihre Grosszügigkeit in sichtbaren Konflikt mit ihrem proletarischen Gefühl. Das hat mir sehr gefallen.

Im übrigen muss ich sagen, dass ich niemals eine so geschlossene Weltanschauung und ein solches Interesse für Theorie gesehen habe, wie bei diesen Arbeitern. Die Durchschnittsstudenten unserer Universitäten können sich nicht mit ihnen vergleichen. Sie fragen mich tausenderlei Fragen, fast immer intelligent, und manchmal so raffiniert, dass ich in Verlegenheit komme, zu antworten. Die Kommunisten sind den Sozialdemokraten auf philosophischem, ökonomischem und politischem Gebiet weitaus überlegen.

Aber die Sozialdemokraten kennen die Geschichte der Arbeiterbewegung besser, besonders die des vorigen Jahrhunderts.

Meine Mutter hat heute geschrieben, dass Hermann jetzt auch in der Hitler-Jugend ist und seine neue Uniform am liebsten Tag und Nacht anbehalten möchte. Hoffnungslos. Vier von ihren Verwandten sind im Krieg gefallen, darunter ihr einziger Bruder. Und sie ist stolz, dass ihr Jüngster auch schon für das Schlachthaus hergerichtet wird. Dazu die übliche Lamentation, wie ich nur . . . usw. Meine Beziehungen zu daheim sind, wenn ich sie unsentimental betrachte, nicht mehr vorhanden. Dieses ganze Verwandtenpack ist zum Kotzen. Verarmt, aber stolz auf ihre Vergangenheit, reaktionär, aber vierzehn Jahre Pensionär der „Juden-Republik", voll Ressentiment gegen die Reichen, und geschmeichelt, eines Gespräches von ihnen gewürdigt zu werden und voll Hass gegen die Roten, die ihnen auch noch das Letzte nehmen wollen, was sie von Proleten unterscheidet, ihre „Kultur". Jetzt atmen sie alle Morgenluft. Auf dem Schindanger der Geschichte regt sich neues Leben. Aber es ist das Leben des Schindangers. — Gegen diese verweste Gesellschaft zögere ich nicht, die Sache der Arbeiter mit ganzem Herzen zu unterstützen.

Ob Becker noch lebt? Wenn ich entlassen bin, muss ich ihn unbedingt ausfindig machen. Ich war doch sehr beschränkt. Wie wir ihn von oben herab behandelt haben, als „guten Kerl" und „Menschenfreund". Und mit welcher Ruhe er unsern Spott ertrug. Sonnabend um Sonnabend unterwegs mit seinen billigen Schriftchen, schlecht aufgemachten „Fanfaren" und „Rote Hilfe"-Blättchen und was nicht alles. Und wenn wir sie ihm abkauften, dann so, dass er merken musste, es ist aus Gefälligkeit für ihn. Ich glaube nicht, dass ich die Sachen ein einziges Mal gelesen habe.

Ich habe mir nie die Mühe gemacht, mich zu fragen, was diesen fleissigen, beschäftigten Mann veranlasste, seine Zeit für so eine Tätigkeit zu opfern. Ein Spleen. Damit war der Fall für uns erledigt. Wir lebten in getrennten Welten. Als er einmal behauptete, die Arbeiterklasse sei nicht nur die fortschrittlichste, sondern auch die fortgeschrittenste Gesellschaftsklasse, haben wir ihn laut und kräftig ausgelacht. Mit welchem Recht? Was wussten wir von den Arbeitern? Soviel wie vom Mond. Sicher war meine Sympathie auf ihrer Seite, wenn sie um bessere Lebensbedingungen kämpften. Meine Sympathie. Das war aber auch alles. Sollten sie selbst für ihre Sache sorgen. Ich habe nicht begriffen, dass ihre Sache die Sache aller fortschrittlichen Kräfte ist. Der Faschismus hat mich aus meiner kleinen Welt in die grosse geworfen. Ich werde Becker sagen, dass ich manches gelernt habe.

Ich glaube, die Arbeiter mögen mich leiden. Sie haben ein Gefühl dafür, ob man ehrlich ist oder nicht . . .

Wurde heute zum Sturmführer Nolte gerufen. Er sagte mir: ,,Gegen Sie liegt nichts mehr vor, Herr Michaelis. Sie werden morgen entlassen. Ich hoffe, dass Sie sich in Zukunft vorbehaltlos hinter unsern Führer Adolf Hitler stellen."
Gegen mich liegt nichts mehr vor?
Gegen mich l a g nichts vor.
Das war meine Schuld.
Mittlerweile habe ich neun Monate nationalsozialistische Erziehung genossen. Und revolutionäre Arbeiter kennen gelernt.
Gegen mich wird noch mancherlei vorliegen, Herr Nolte.

IX.

WIR WAEHLEN HITLER

Unsere Isolierung von der Aussenwelt und unser Hunger nach Nachrichten waren durch die Besuchs- und Briefsperre noch grösser geworden. Das ewige Gesprächsthema, Entlassung, wurde immer und immer wieder abgehandelt. Wenn die Arbeitskolonnen am Abend ins Lager zurückkamen, war ihre erste Frage: „Neue Parole?", und die Häftlinge aus den Innenkommandos und den Handwerkerstuben tischten die neuesten Gerüchte auf. Der eine hatte in der Schreibstube etwas aufgeschnappt, der andere die Unterhaltung zweier SS-Offiziere belauscht. Ein dritter wusste genau, dass das Lager in nächster Zeit aufgelöst würde und wir nach Dachau kämen. Vor einer Ueberführung hatten wir alle Angst, denn jeder Schutzhäftling, auch wenn er schon monatelang in einem oder mehreren Lagern gewesen war, musste bei der Einlieferung in ein anderes Lager immer wieder durch die Hölle der Gleichschaltung und Verhöre gehen. Jede Lagerverwaltung hoffte neue Geständnisse aus ihm herauszuprügeln.

Neben den „Latrinen-Nachrichten" der Innenkommandos war unsere Hauptinformationsquelle der „Hubertshofer Beobachter", der in 10 Freiexemplaren ins Lager kam. Er belieferte uns mit den offiziellen Regierungslügen. Jede Kompagnie erhielt ein Exemplar, in das sich mehr als hundert Häftlinge teilen mussten.

Wir hatten schon vorher gelernt, hinter den bombastischen Deklamationen der Nazi-Presse die dürre Wahrheit zu lesen. Eine Artikelserie über unser vorbildliches Lager, aus dem die Häftlinge sich nur mit Tränen in den Augen losreissen könnten, gab diesem edlen Organ des Propaganda-Ministeriums die letzte Autorität.

„Extra-Ausgabe" — „Extra-Ausgabe" schrien die Zeitungsausträger an einem Oktoberabend. Es musste etwas Gewaltiges geschehen sein, wenn das Hubertshofer Reptil mit einer Extra-Ausgabe herauskam. „Deutschland aus dem Völkerbund ausgetreten. Der Führer spricht heute nacht zu seinem Volk."

In der SS war Hochstimmung.

„Jetzt geht's bald los!"

Die Lagerverwaltung ordnete an, die Rede des Führers im Lager durch Lautsprecher zu übertragen. Alle ohne Ausnahme sollten sie anhören.

Es war schon dunkel geworden, als uns Schinderknecht auf dem Lagerhof zusammenpfiff. Die Scheinwerfer wurden aufgestellt und die Posten verdoppelt. Auf der einen Seite des Hofes stand die SS in ihrer besten Uniform, mit blanken Stiefeln, Revolver umgeschnallt. Als aus dem Lautsprecher ein hysterisches Gebrüll in österreichischem Dialekt ertönte, brach sie in begeisterte Heil-Rufe aus. Auf der andern Seite stand der dunkle Haufe der Arbeiter, zerlumpt, ohne Kopfbedeckung, und rührte sich nicht. Es war unmöglich, ihre Gedanken zu erraten. Unmöglich für die dort drüben. In diesem Haufen aber lebte eine wilde Freude: die deutsche Bourgeoisie war auf ihrem Weg in die Katastrophe einen grossen Schritt vorwärts getrieben worden. Sie hatte die Macht nicht ungestraft einem Abenteurer ausliefern müssen.

Die Neuwahlen zum Reichstag und die Vertrauenskundgebung des deutschen Volkes für die Aussenpolitik der Hitler-Regierung waren auf den 12. November festgesetzt. Im Lager herrschte allgemein die Ansicht, die Regierung werde uns als Schutzhäftlingen kein Stimmrecht geben. Wir beschäftigten uns deshalb auch nicht ernsthaft mit der Frage, wie wir uns bei der Abstimmung verhalten sollten. Erst am 10. November erfuhren wir von einem SS-Mann in der Schreibstube, dass mehrere Hundert Wahlscheine für die Häftlinge eingetroffen seien.

Am gleichen Abend hielt uns der Kommandant eine politische Ansprache, die erste und einzige, die ich im Lager erlebt habe.

Er versuchte es diesmal auf die süsse Tour. ,,Ich weiss", sagte er, ,,dass die Mehrzahl von Euch anständige Kerle sind, die ehrlich für ein besseres Deutschland gekämpft haben. Aber Ihr seid die Opfer von verantwortungslosen Elementen geworden, von Juden und Marxisten. Eure Verführer haben sich schleunigst aus dem Staub gemacht, wie es brenzlich roch. Die Burschen sitzen jetzt im Ausland und spritzen weiter ihr Gift gegen unser Vaterland und unseren Führer. Und Ihr müsst es ausfressen. Ihr konntet nicht nach Paris oder Prag oder Moskau flüchten, wie diese Herren, die immer ein Auslandsvisum und eine gefüllte Brieftasche bei sich trugen. Eure Familien leiden Not. Ihr seid verkauft und verraten worden. Die nationalsozialistische Regierung gibt Euch jetzt die Möglichkeit, Euch von diesen Verbrechern abzuwenden und zu unserem Volke zurückzufinden. Bekennt Euch zu dem nationalsozialistischen Deutschland, bekennt Euch zu dem Arbeiter Adolf Hitler, dann wird auch er sich zu Euch bekennen und Euch den Weg frei machen zu einem neuen Leben."

Er stieg vom Stuhl herunter, seiner Wirkung sicher. Ein paar Kalfaktoren riefen schüchtern: „Bravo." Das war alles. Flaute. Ein paar Minuten peinliche Stille, bis ein SS-Offizier so wütend wurde, dass er auf einen Tisch sprang und uns anschrie:

„Die Rede unseres Kommandanten hat Euch wohl nicht gefallen? Das zeigt, dass Ihr nicht wert seid, als Deutsche behandelt zu werden. Aber wenn Ihr nicht hören wollt, müsst Ihr fühlen. Wir werden uns die Stimmzettel am Sonntag sehr genau ansehen. Mehr brauch' ich Euch ja nicht zu sagen. Und wer glaubt, dass er seine Volksverhetzung auch hier im Lager fortsetzen kann, der ist schwer im Irrtum! Schlafen gehen!"

In den Schlafsälen grinsten wir uns an.

„Was der eene mit dem Kopp hingestellt hat, hat der andere mit dem Arsch umgerissen", sagte Schütz und drückte damit die Ansicht aller Genossen aus. Der Schlafsaal war guter Laune.

Es blieb wenig Zeit, um unsere Taktik zu besprechen. Am folgenden Tag wurde überall über die Wahl diskutiert. Es standen sich zwei Ansichten gegenüber, von denen jede mit guten politischen Argumenten verteidigt werden konnte und die doch nicht zu vereinbaren waren.

Die politischen Vertrauensleute der Kompagnien trafen sich am Abend des 11. November auf der Latrine, um den letzten Versuch für ein einheitliches Vorgehen zu machen. Winter von der 2. Kompagnie, früher Polleiter eines Unterbezirkes und bekannt als ein zuverlässiger Genosse, eröffnete dis Diskussion. Er sprach so ruhig und ausführlich, als referiere er in einer legalen Zellensitzung. Auch den Partei-Jargon hatte er nicht verlernt. „Genossen, wir müssen zuerst die Frage stellen, was bezweckt die Regierung und die Geheime Staatspolizei damit, dass sie uns abstimmen lässt? Und da antworte ich: sie wollen die Moral der Gefangenen prüfen. Sie wissen nicht, wie es hier wirklich aussieht, genau so wenig, wie sie wissen, was die Arbeiter, Bauern und städtischen Mittelständler draussen denken. Die Wahl ist für sie nicht nur eine Demonstration gegenüber dem Ausland, sie dient ihnen auch als politisches Barometer.

Damit komme ich zu Punkt zwei: Was können wir tun, um diesen Zweck der Wahl hier im Lager zu vereiteln? Genossen, es ist klar, dass wir nicht eine hundertprozentige Abstimmung mit „Nein" erwarten können. Ein Teil der Häftlinge hat Angst, unter den Augen der SS mit „Nein" zu stimmen. Die Unpolitischen, ein Teil der SPD und sogar ein Teil von unseren Genossen wird mit „Ja" stimmen. Das heisst aber, dass die Nazis Einblick gewinnen in die politische Verfassung des Lagers. Und sie stellen bei derselben Gelegenheit auch die Widerstandsnester in den einzelnen Kompagnien fest. Um das zu vermeiden, schlage ich vor, dass wir an alle unsere Genossen die Parole geben, mit „Ja" zu stimmen.

Genossen! Ist das eine richtige Parole? Jawohl, Genossen, es ist eine richtige Parole!

Wenn das Ausland liest, dass wir in den Konzentrationslagern mit „Ja" gestimmt haben, so wird es sich sagen, dass die ganze Wahl eine Komödie war. Denn welcher vernünftige Mensch wird glauben, dass wir mit einer Regierung einverstanden sind, die uns ungesetzlich gefangen hält, foltert und mordet?

Ich bin deshalb dafür, mit „Ja" zu stimmen, um die Wahl im In- und Ausland als eine Verhöhnung des freien Wahlrechts zu entlarven und um der Geheimen Staatspolizei den Einblick in die politische Situation in den Konzentrationslagern zu verwehren."

„Genossen!", nahm der dicke Schreiner aus der 2. Kompagnie das Wort, „ich bin mit dem Vorschlag von Genosse Winter nicht einverstanden. In meinen Augen ist eine solche Parole ein glatter Verrat an der Partei und am Proletariat. Was sollen sich die Genossen im Lager denken, wenn wir plötzlich, ohne Zeit für eine gründliche Erklärung unserer Taktik zu haben, vor sie hintreten und ihnen sagen, sie sollen für Hitler stimmen? Werden sie das verstehen? Nein, Genossen. Sie werden es nicht verstehen. Sie werden es als eine Kapitulation auffassen, und viele werden sagen: Wenn unsere Funktionäre schon so weit sind, dass sie den Nazis aus der Hand fressen, dann brauchen wir ja auch nicht mehr zu kämpfen. Und dann, Genossen, wie können wir eine so gefährliche Taktik ohne Zustimmung der Partei beschliessen? Wir haben es versäumt, uns beizeiten Richtlinien von der Partei geben zu lassen. Jetzt ist es zu spät dazu. Aber gerade deshalb müssen wir die alte Linie aufrechterhalten. Ich bin dafür, dass wir die Parole herausgeben, morgen geschlossen mit „Nein" zu antworten."

Fritz sprach als nächster.

„Genossen!", sagte er. „Wir müssen den Dingen ins Auge sehen. Wie Genosse Winter bereits ausführte, wird ein grosser Teil der Häftlinge aus den verschiedensten Gründen mit „Ja" stimmen. Sie haben Angst, dass die SS die Stimmzettel markiert, sie hoffen, schneller entlassen zu werden, sie fürchten, dass sich unsere Lage noch verschlechtern wird. Das wissen wir, und daran können wir nichts ändern. Mit anderen Worten, es liegt nicht in unserer Macht, eine einheitliche „Nein"-Abstimmung zu erzielen. Aber wir können andererseits ein fast hundertprozentiges „Ja" herauskriegen. Und ich meine, dass alle die Argumente, die Genosse Winter für ein solches Resultat angeführt hat, absolut durchschlagend sind. Die Partei wird verstehen, dass wir angesichts der Lage nicht anders handeln konnten. Und was Genosse Kuleke über den Wechsel in unserer Taktik gesagt hat, da kann ich ihm nur sagen, dass es zum ABC der Taktik gehört, sie zu wechseln, sobald neue Bedingungen es notwendig machen."

Ein anderer Kommunist, den ich nicht näher kannte, unterstützte Winter und Fritz. „Man muss noch einen anderen Punkt berücksichtigen. Hitler ist aus dem Völkerbund ausgetreten und fragt jetzt das Volk, ob es mit dieser Entscheidung einverstanden ist. Auch die Partei hat den Völkerbund immer als eine Liga der siegreichen imperialistischen Staaten betrachtet und in ihrem sozialen und nationalen Befreiungsprogramm den Kampf gegen Versailles und Genf beschlossen. Ich meine, wir setzen uns nicht in Gegensatz zur Partei, wenn wir für den Austritt Deutschlands aus dem Völkerbund stimmen."

„Da habt Ihr's", schrie der dicke Schreiner so laut, dass unser Posten an der Tür uns warnend zuwinkte. „Da habt Ihr schon die Früchte Eurer Niederlagentaktik. Jetzt ist es schon soweit, dass die Funktionäre fragen, ob die Partei nicht Hitlers Aussenpolitik unterstützen soll. Eine schöne Taktik! Du denkst also, weil die Partei und Hitler den Austritt aus dem Völkerbund in ihrem Programm haben, dass das alles ein und dasselbe ist? Ob Hitler-Deutschland oder ein proletarisches Deutschland aus dem Völkerbund austreten, das ist bei Dir alles egal, was? Hast Du noch nicht verstanden, dass Hitler der Agent des deutschen Imperialismus ist, und dass die deutsche Bourgeoisie von ihm erwartet, dass er ihr wieder den Weg frei macht? Die Kommunistische Partei muss jeden Schritt der Regierung im Inneren wie in der Aussenpolitik unversöhnlich bekämpfen und den arbeitenden Massen zeigen, was für sie dabei herauskommt: Hunger, Terror und neues Massenmorden."

„Ja, Genossen", nahm Winter wieder das Wort, „in diesem Punkt stimmen wir alle dem Genossen Kuleke zu. Wir können selbstverständlich niemals Hitlers Politik unterstützen, und ich muss zugeben, dass mir jetzt Bedenken kommen, ob unsere Parole nicht grosse Verwirrung bei den ungeschulteren Genossen hervorbringen kann. Deswegen schlage ich vor, dass wir sofort eine systematische Aufklärungsarbeit im Lager beginnen. Wenn jeder sich zehn Genossen aus seiner Kompagnie beiseite nimmt und ihnen den Sinn unserer Taktik erklärt, bin ich sicher, dass wir bis morgen früh um zehn das Lager durchgearbeitet haben."

„Und ich sage Euch noch einmal, dass ich ohne Order von der Partei mich niemals für eine solche Politik hergebe", erwiderte der Schreiner in mühsam verhaltener Erregung. „Was Ihr macht ist unverantwortlich. Alle schwankenden Genossen, alle Feiglinge, alle, die den Weg des kleineren Uebels gehen wollen, werden sich hinter Eurer „Ja"-Parole verstecken. Und für manchen wird diese erste Stimme für Hitler, auch wenn ihr sie hundertmal als eine Taktik ausgeben wollt, der Anfang sein, das nächste Mal ohne Taktik mit „Ja" zu stimmen. Ihr stosst die Genossen ins Lager der Nazis, statt sie bei der Partei zu halten und ihr Klassenbewusstsein zu festigen. Wer für die Parole „Ja" ist, treibt die dreckigste Opportunistenpolitik, die ich mir vorstellen kann. Und die Partei wird ihn dafür zur Rechenschaft ziehen."

Ich sprach ebenfalls für „Nein".

An eine Einigung war nicht zu denken.

Wir mussten es jedem Genossen überlassen, wie er stimmen wollte und gingen gedrückt auseinander. Zum ersten Mal waren wir in einer wichtigen politischen Frage nicht von ein- und demselben Geist geführt worden.

Der Sonntag-Morgen kam. Schinderknecht war heute leutselig. Kein Stiefel-Appell, kein Löffel-Appell, kein Essnapf-Appell. Er liess uns um acht Uhr in den Speisesaal und jagte uns bis zehn nicht ein einziges Mal heraus. In diesen zwei Stunden wurde die Aussprache von gestern im Grossen fortgesetzt. Die „Ja"-Stimmer gewannen schnell an Boden. Eine Latrinenparole jagte die andere. Es war angeblich eine Hülse angefertigt worden, gerade so gross, dass die Kuverts mit den Stimmzetteln hineinpassten. Mit dieser Hülse in der Wahlurne liesse sich feststellen, wie der einzelne gestimmt habe. Die SS brauche nur die Reihenfolge der abgegebenen Wahlscheine mit der Reihenfolge der Stimmzettel in der Hülse zu vergleichen. Andere wollten wissen, die Kuverts seien gezinkt. Und die SS werde ausserdem Stichproben machen, werde einem einfach das Kuvert aus der Hand nehmen und die Stimmzettel nachsehen. Die Drohung des SS-Offiziers wurde viel zitiert.

In diesem Durcheinander kam plötzlich Fritz zu mir.

„Hast Du schon gehört? Die Partei hat die Parole herausgegeben, mit „Ja" zu stimmen."

„Woher hast Du das?" fragte ich ihn.

„Einer der Kirchgänger hat's mitgebracht."

„Zeig' ihn mir."

„Ich weiss selbst nicht, wer es ist."

„Wer hat es Dir gesagt?"

„Herbiger aus der Dritten."

„Das ist der Richtige. Ein ganz elendes Manöver, das hier in der Verwaltung ausgeheckt worden ist. Glatter Schwindel."

Die Nachricht war in wenigen Minuten bis zum letzten Mann gedrungen. Die Spitzel lagen auf der Lauer und machten eine wirksame Gegenarbeit fast unmöglich.

Von zehn bis nachmittags drei Uhr standen wir Schlange vor der Schreibstube, die als „Wahllokal" benutzt wurde. Es wurde kompagnieweise und in alphabetischer Reihenfolge abgestimmt. In der Schreibstube sass das „Wahlkomitee", bestehend aus einem Sturmführer und zwei Truppführern. Sie gaben uns die Wahlscheine und die Stimmzettel. An einem offenstehenden Tisch, hatten wir die Stimmzettel anzukreuzen und sie dem an der Wahlurne sitzenden Sturmführer zu übergeben. Der legte sie in die Urne. Einer der Truppführer strich auf einer Liste die Namen ab.

Kurz vor dem Befehl zum Schlafengehen wurden die Resultate mitgeteilt. Die „Ja"-Stimmen überwogen bei weitem, 22 Prozent hatten leere Zettel abgegeben, 13 Prozent mit „Nein" gestimmt. Die Lagerverwaltung schien hoch befriedigt zu sein, sie hatte wohl ein schlechteres Ergebnis erwartet. Ihre gute Stimmung dauerte indessen nur bis zum Montag-Morgen, als aus anderen Lagern weit günstigere Resultate bekannt wurden.

Ob die SS in Dachau, Papenburg, Brandenburg, Sonnenburg, Oranienburg, Lichtenberg usw. bessere Kopfrechner waren als in Hubertshof, ob dort die „geheime" Abstimmung noch „geheimer" vor sich ging als bei uns, ob die Genossen in den anderen Lagern sich über die Parole verständigt hatten, das alles wussten wir nicht. Der Kommandant kündigte uns jedenfalls an, er werde „ganz neue Saiten aufziehen", und wehe denen, die der Regierung sogar noch hier im Lager Widerstand entgegenzusetzen gewagt hätten.

Die Atmosphäre in den nächsten Tagen war geladen. Die Spitzel denunzierten Genossen, sie hätten mit „Nein" gestimmt und andere in gleichem Sinne beeinflusst. Es wurde viel geschlagen. Die Bunker waren voll. Schinderknecht plauderte in seiner Dummheit aus, was die Verwaltung besonders erbost hatte: auf einigen Stimmzetteln hatte gestanden:

Nur KPD!,

und

Der RFB lebt!

X.

GOERINGS GNADENAKTION

Eine Woche nach der Wahl stand in der Zeitung, die Regierung werde in Anerkennung der guten Abstimmung einen grossen Teil der politischen Gefangenen entlassen. Der Führer habe eine Amnestie versprochen. Die Gnadenaktion, wie sie in der Presse genannt wurde, war für die nächste Zeit das Thema, um das sich jede Unterhaltung im Lager drehte. Die meisten Häftlinge hielten die ganze Sache für einen neuen Nazi-Schwindel. Aber es war wohl keiner, der nicht eine leichte Hoffnung gehabt hätte, es könnte doch etwas dran sein.

Die Gerüchte jagten einander. Von der Geheimen Staatspolizei aus Berlin sei angefragt worden, wieviel Berliner sich im Lager befänden und wie sich jeder einzelne geführt hätte. Die preussischen Landräte seien angewiesen, Listen der aus ihrem Kreis stammenden Häftlinge zusammenzustellen und beim Ministerium des Innern einzureichen. Das einzige handgreifliche Ergebnis der angekündigten Gnadenaktion war die vorsorgliche Einstellung aller

Entlassungen. Die Lagerverwaltung wollte sich das Material nicht knapp werden lassen. Mit der Begründung, es liege im Sinne der Geheimen Staatspolizei, nur noch Sammelentlassungen vorzunehmen, um alle Häftlinge auf die Bedeutung eines solchen Ereignisses aufmerksam zu machen, wurden sämtliche Einzel-Entlassungen bis auf weiteres aufgehoben.

Im „Hubertshofer Beobachter" lasen wir, dass der preussische Ministerpräsident Göring die Anregung zur Gnadenaktion gegeben habe. „Lametta-Hermann", der Farbenreiche, Bekämpfer des Schächtens und der Vivesektion, hielt es für angebracht, seinen Ruf als Tierfreund auch auf seine Schutzhäftlinge auszudehnen.

Gegen Ende November machte die Lagerverwaltung Inventur. Bei einem Generalappell wurden wir namentlich aufgerufen und nach Tag und Grund unserer Verhaftung gefragt. Dabei stellte sich heraus, dass in den Lagerlisten noch immer Häftlinge geführt wurden, die schon vor Monaten in andere Lager überführt worden waren. Neueingelieferte hatte man vergessen zu registrieren, für den zu drei Jahren Gefängnis verurteilten Karl Müller hatte August Müller die Haft angetreten. Einige Namen konnten überhaupt nicht mehr identifiziert werden. Ihre Träger waren verschollen.

Viele Häftlinge wussten nicht, was sie antworten sollten, als der listenführende SS-Offizier nach dem Grund ihrer Verhaftung fragte. Der spielte den Entrüsteten:

„Was, Du weisst nicht weswegen Du verhaftet worden bist? Dann bist Du noch nicht lang genug hier. Wir werden Dir Zeit lassen, Dir's zu überlegen. Der Nächste!"

So lernten die Nachfolgenden zu antworten, dass die Regierung sie in Schutzhaft genommen hätte, weil sie Kommunisten, Sozialdemokraten, Pazifisten oder Juden waren. Wer das Unglück hatte, keinen glaubwürdigen Grund für seine Staatsfeindlichkeit angeben zu können, erfand ein politisches Verbrechen, um seine Anwesenheit im Lager zu rechtfertigen. Eine beliebte Selbstanklage war, man habe die Hakenkreuzfahne nicht gegrüsst, auch die Beschimpfung Hugenbergs kehrte verschiedentlich wieder. Wem nichts einfiel, der hatte als Verstockter von vornherein keine Chance, der Gnade des Dritten Reiches teilhaftig zu werden.

Nach der Inventur, die sich über mehrere Tage hinzog, blieb es für Wochen still. In diese Zeit fiel der Besuch einer Gruppe ausländischer Journalisten. Sie waren am Nachmittag vorher angekündigt worden, und Schinderknecht erhielt zweihundert Häftlinge zugewiesen, um das Lager herzurichten. Die Latrinen wurden entleert und mit Kalk bestreut. Auf dem Lagerhof rutschten dreissig Gefangene auf den Knien herum, um alle Grashälmchen auszurupfen. Die nassen Wände der Schlafsäle wurden abgerieben und die Fenster geputzt, bis selbst die blinden Scheiben des alten Weinkellers einen milden Glanz durchliessen. Auf den Pritschen wurden die Laken, die seit vier Monaten nicht ein einziges Mal gewechselt worden waren, erneuert und alle Ueberzüge gesammelt, um die Strohsäcke der 1. Kompagnie damit zu bedecken. Sie war die Parade-Kompagnie, die bei Besichtigungen immer gezeigt wurde. Beim Abendappell wies uns der Sturmführer auf die Bedeutung der Besichtigung für die Bekämpfung der Greuelnachrichten im Ausland hin.

Ein Teil des Arbeitskommandos rückte am nächsten Morgen nicht ab. Auch unsere Kolonne blieb im Lager. Wir hatten die Wachstuben aufzuwaschen, die Stufen zu scheuern, die Automobile zu putzen, und die Handwerkerstuben aufzuräumen. Von der SS hörten wir, dass die Journalisten von einem hohen Beamten der Geheimen Staatspolizei geführt würden, wahrscheinlich von Diehls persönlich. Um die Mittagsstunde roch es verlockend nach gebratenem Fleisch. Es war aber der SS-Kessel. Gegen vier Uhr fuhren zwei grosse Mercedes-Benz-Wagen in den Lagerhof. Der Kommandant stürzte aus dem Verwaltungsgebäude und empfing die Herren. Die Journalisten sahen Schlafsaal Nr. 1, warfen einen Blick in die Speisehalle, wo wir angetreten waren, nickten anerkennend, als sie die blitzsaubere Küche mit den Bullen sahen, die sich weisse Schürzen vorgebunden hatten. Der Kommandant erklärte, dass die Regierung mit preussischer Einfachheit, Sparsamkeit und Sauberkeit bemüht sei, die seelischen Schäden von vierzehn Jahren marxistischer Volksverhetzung wieder gutzumachen. Das Lager sei kein Ort der Bestrafung, sondern der Erziehung für irregegangene Volksgenossen. Einer der Korrespondenten bat um die Erlaubnis, mit den Häftlingen persönlich sprechen zu können.

„Bitte sehr", beeilte sich der Kommandant zu erwidern.

„Fröben! Holen Sie Fröben her!", bat er den neben ihm gehenden Adjutanten. Fröben war ein Kalfaktor, der die ausländische Sprache verstand.

„Dieser Mann ist selbst ein Häftling, und wird die Uebersetzung vornehmen, so dass Sie sicher sind, die wahre Meinung der Gefangenen zu hören", stellte ihn der Kommandant dem Journalisten vor.

Der Journalist ging auf einen älteren Kumpel zu und fragte ihn:

„Warum sind Sie verhaftet worden?"

„Ich war Kommunist."

Der Kommandant zog sich mit den übrigen SS-Offizieren diskret einige Schritte zurück.

„Er war Kommunist", übersetzte der Kalfaktor.

„War die Kommunistische Partei zu der Zeit verboten?" fragte der Journalist.

„Ist die Kommunistische Partei zurzeit verboten?" übersetzte der Kalfaktor.

„Sie haben meine Frage etwas missverstanden", sagte ihm der Journalist freundlich in fliessendem Deutsch. „Ich habe

156

den Herrn gefragt, ob die Kommunistische Partei zu der Zeit verboten war, als er ihr angehörte."

Der Kalfaktor stotterte eine Entschuldigung.

„Nein", sagte der Kumpel.

„Haben Sie sich sonst politisch strafbar gemacht?"

„Nein."

„Sie sind also hier, weil Sie einer Partei angehört haben, welche die heutige Regierungspartei bekämpft hat?"

Der Kumpel antwortete nicht.

„Haben Sie sich über irgend etwas im Lager zu beklagen?"

„Nein", sagte der Mann.

„Sind Ihnen Fälle bekannt, dass man Schutzhäftlinge körperlich misshandelt hat?"

„Es ist mir nichts bekannt."

„Sprechen Sie die Wahrheit?", fragte der Journalist.

„Fragen Sie nicht so dumm", murmelte der Kumpel.

Der Journalist war einen Moment verdutzt. Dann fasste er sich und sagte höflich:

„Das genügt mir. Danke sehr."

Er ging zurück zu der Gruppe, die den erklärenden Worten des Kommandanten lauschte.

„Sind Sie mit der Unterredung zufrieden?", fragte ihn dieser.

„Besten Dank, ja. Darf ich fragen, ob Sie Angehörige früherer gegnerischer Parteien hier im Lager halten, ohne dass eine besondere Anklage gegen sie vorliegt?"

„Nein", erwiderte der Kommandant. ‚Wo wir solche Fälle haben, da handelt es sich um besonders aktive und gefährliche Elemente, von denen wir annehmen müssen, dass sie ihre staatsfeindliche Tätigkeit auch unter der nationalsozialistischen Regierung fortsetzen würden.'

„Wie lange halten Sie solche Leute hier?"

„Bis wir sicher sind, dass sie sich unter unserem Einfluss zu einer neuen Gesinnung empor gearbeitet haben."

„Und wie stellen Sie diesen Wandel fest?"

„Oh, wir haben unzweideutige Anhaltspunkte.   Wir beobachten die Führung jedes einzelnen Häftlings, wie er sich bei der Arbeit verhält, ob er den Anordnungen des Lagers bereitwillig Folge leistet, welchen Umgang er sucht und so weiter."

Der Journalist ging auf einen Häftling zu.

„Wie alt sind Sie?"

„Achtzehn."

„Was ist Ihr Beruf?"

„Landarbeiter."

„Weswegen sind Sie verhaftet worden?"

„Ich habe den Sohn unseres Gutsbesitzers aus der Wohnung gejagt."

„Wie meinen Sie? Sie haben ihn aus seiner Wohnung gejagt?"

„Nein, aus unserer."

„Was hatte er in Ihrer Wohnung zu tun?"

„Wir wohnen in einer Werkswohnung."

„Was ist das?"

„Die Wohnung gehört zum Gut. Wir können solang darin wohnen, wie wir auf dem Gut arbeiten."

„Ich verstehe nicht. Was hat das mit Ihrer Verhaftung zu tun?"

„Er war in der SA."

„Und Sie?"

„Ich nicht."

„Hat sich Ihre Familie politisch betätigt?"

„Mein Vater."

„In welcher Partei?"

„Er war Stahlhelm."

Der Journalist wandte sich zu dem Kommandanten.

„Mein Herr", sagte er, „wie erklären Sie diesen Fall?"

„Dein Name?", fauchte der Kommandant den Häftling an.

„Kalmeit."

„Pollacke?"

„Nein."

„Und Du willst uns erzählen, dass Du nur hier bist, weil Du einen persönlichen Streit mit einem SA-Mann hattest?"

„Nein", stotterte der junge Bursche, „er war Sturmführer."

„Die Akten des Häftlings Kalmeit, bitte", befahl der Kommandant dem Adjutanten.

Es trat ein allgemeines Schweigen ein.

Kalmeit stand wie ein Baum, sein breites Bauerngesicht war weiss vor Aufregung. Er wusste so gut wie jeder von uns, was ihm nach der Besichtigung bevorstand. Der Truppführer, den der Adjutant ins Verwaltungsgebäude geschickt hatte, kam mit leeren Händen zurück.

„Die Akten sind leider noch nicht nachgesandt worden", erklärte der Kommandant dem Journalisten. „Sie befinden sich noch beim Landrat des Kreises."

„Wie lange ist Herr Kalmeit im Lager?", fragte der Journalist.

„Wie lange bist Du hier?", fragte der Kommandant Kalmeit.

„Die neunzehnte Woche."

„Etwa vier Monate", verdeutschte der Kommandant.

„Dürfte ich einmal die Liste sehen, die Sie über das Betragen des Häftlings führen?", fragte der Journalist.

Das liebenswürdige Gesicht des Kommandanten wurde offiziell.

„Bedaure sehr, solche Materialien sind streng vertraulich." Auf seine Stimmung war ein Frost gefallen.

„Die Herren haben damit alles Wesentliche gesehen. Wir haben nichts zu verbergen", sagte er bedeutend kühler.

„Ich darf wohl einer wahrheitsgetreuen Wiedergabe in Ihren geschätzten Blättern sicher sein."

Die Journalisten verabschiedeten sich. Sie hatten weder den Bunker, noch die Stehbunker gesehen, sie hatten keine Gleichschaltung in der Polizeiabteilung erlebt, sie ahnten nicht, dass Kalmeit, nachdem sich kaum das Lagertor hinter ihnen geschlossen hatte, wegen seiner Ausagen vom Kommandanten eigenhändig mit dem Gummiknüppel bearbeitet und in den Stehbunker gesperrt wurde, sie hatten vielleicht eine dunkle Vorstellung, dass die Buchführung der Lagerverwaltung nicht ganz den Grundsätzen preussischer Ordnung und Exaktheit entspreche. Das einzige, was sie sicher wussten, war, dass „ihre geschätzten Blätter" vom Propaganda-Ministerium beschlagnahmt wurden, wenn sie ein ungünstiges Wort über die Erziehungsanstalten des Dritten Reiches brachten.

In der Zeitung stand, die Gnadenaktion erstrecke sich in Preussen auf fünftausend Schutzhaftgefangene, und der Ministerpräsident habe den Wunsch geäussert, die Prüfung der Fälle so zu beschleunigen, dass die Entlassenen schon das Weihnachtsfest im Kreis ihrer Familien verleben könnten.
Wir lasen auch, dass in anderen Lagern die Amnestie bereits im Gange sei. Unsere Verwaltung rührte sich nicht. Je näher Weihnachten herankam, umso mehr schwand die Hoffnung.
Im Lager wurde es unruhiger. Viele Häftlinge waren seit März und April von ihren Angehörigen getrennt, ohne Nachricht, wie es ihnen ging, wie sie sich in diesem Winter durchschlugen und ob sie das Notwendigste zum Essen hatten. Bis November war das Wetter gut gewesen, dann setzte scharfe Kälte ein. Wenn wir morgens zur Arbeit gingen, es war noch dunkle Nacht, froren wir erbärmlich. Wir hatten keine Mäntel, die Brocken waren über Sommer in Fetzen gegangen, die Schuhe zerrissen, der wässrige Frass aus der Küche war bei der harten Arbeit völig ungenügend. An Regentagen war es besonders schlimm. Die Nässe schlug durch die Kellerwände, dass das Wasser in Rinnsalen herunterlief; das Stroh in den Strohsäcken roch faul,

die vor Schmutz starrende Decke fühlte sich immer feucht an. Es gab keine Gelegenheit, die nassen Kleider und Schuhe zu trocknen. Unsere Posten hatten einmal versucht, früher von der Arbeit abzurücken. Da kamen sie schön an bei Schinderknecht. Er jagte uns den langen Weg zurück, zwei Stunden hin, zwei Stunden her. Die Posten, die trotz ihrer Militärmäntel durchnässt waren, fluchten wie die Türken. Wir brauchten an diesem Tag keine Schaufel mehr in die Hand zu nehmen, sie liessen uns alle ans Feuer kommen und uns wärmen.

Unter den SS-Leuten, die infolge der Vorfälle im ersten Zug neu in die Wache eingereiht worden waren, befand sich ein Mann von etwa 26 Jahren, gross, blond, blauäugig, wie aus dem Nazi-Rassekalender ausgeschnitten. Ich hatte mehrmals bemerkt, dass er mich beobachtete. Als ich eines Tages auf die Rückkehr der Lore wartete, die von acht Kumpels die Uferböschung hinaufgezogen und oben gekippt wurde, sprach er mich an und fragte, wie ich heisse, warum ich verhaftet sei und ob ich Aussicht habe, zu Weihnachten frei zu kommen.

Als sich die Kumpels mit der Lore näherten, ging er ein paar Schritte weiter, sowie ich vollgeschippt hatte und die acht damit abgezogen waren, kam er wieder in meine Nähe und setzte das Gespräch fort.

Ob ich schon einmal in Russland gewesen sei. Ob man drüben wirklich Arbeit bekommen könne. Ich sagte ihm, es hinge davon ab, was man gelernt hätte. Als Metallarbeiter oder Elektro-Monteur könne man mit Sicherheit Arbeit finden. Da ich nicht wusste, worauf er hinauswollte, war ich äusserst zurückhaltend. Es fiel mir auf, dass er zu mir „Sie" sagte, während wir sonst von der SS wie von den Offizieren immer mit „Du" angeredet wurden. Ob ich vorhätte, nach meiner Entlassung wieder nach Russland zu gehen. Aha, dachte ich, das willst Du von mir hören.

„Nein."

„Sie brauchen keine Angst vor mir zu haben", sagte er.
Dann ging er hinüber zu der Nachbarkolonne und kam für
diesen Tag nicht mehr in meine Nähe.
Eine Woche lang sah ich ihn nicht. Er hatte bei anderen
Kommandos Dienst. Als er wieder unserer Kolonne zugeteilt wurde, war ich bei den acht Mann, die die Lore zu
ziehen hatten, ein anderer Kumpel schippte. Der Posten
hiess mich zwischen dem Laden der Lore nach dem Feuer
sehen und Holz auflegen. Ich merkte, dass er mich gern
für eine Weile von der Kolonne abgesondert hätte, aber
ich kam ihm nicht entgegen. Der Teufel wusste, was dahinter steckte. Am Nachmittag, als wir die Arbeitsgeräte
in die Baubude brachten und es sich gerade so machte,
dass ich ein paar Schritte von den anderen entfernt stand,
kam er an mir vorbei und steckte mir eine Zigarette in die
Rocktasche.
„Wir haben Rauchverbot", sagte ich und sah ihn an. Die
Sache kam mir nicht geheuer vor.
„Sie werden schon wissen, was Sie zu tun haben", sagte
er und ging zu den andern Posten. Ich warf auf dem Heimweg die Zigarette heimlich weg. Vielleicht wollten sie mich
bei einem Verstoss gegen die Lagerordnung fassen. Aber
ich war jetzt unruhig geworden und erzählte am Abend
dem Schieber die ganze Geschichte.
Der Schieber gab mir den Rat, mich weiter so wie bisher zu
verhalten.
„Lass' ihn auf Dich zukommen. Wenn er echt ist, wirst
Du's schon bald merken. Wenn irgend eine Schweinerei
dahinter steckt, kannst Du nicht vorsichtig genug sein."
In einer der folgenden Nächte wachte ich davon auf, dass
das Licht in unserm Schlafsaal angeknipst wurde. Der
Posten ging langsam zwischen den Bettreihen durch und
las die Namen der Häftlinge, die mit Kreide auf die Pritschen geschrieben waren. Es war mein SS-Mann. Ich
wusste nicht, ob er mich gesehen hatte, er liess sich jeden-

falls nichts anmerken, ging langsam wieder aus dem Keller hinaus und drehte das Licht aus.

Ich konnte nicht wieder einschlafen. Was wollte er von mir? Ich rief mir seine Fragen ins Gedächtnis zurück und meine Antworten. Daraus konnten sie mir keinen Strick drehen. Vielleicht war es etwas ganz anderes.

Kurz vor Weihnachten fuhr ein geschlossener Wagen der Feldpolizei in den Lagerhof, aus dem sie einen über und über mit Blut bedeckten SA-Mann heraustrugen. Zuerst hiess es, er sei von Kommunisten überfallen worden. Als er aber in den Schlafsaal der Sonderhäftlinge gelegt wurde, wussten wir, was es mit ihm auf sich hatte. Die Sonder-häftlinge waren SA- oder SS-Leute, die wegen Trunkenheit, Urlaubsüberschreitung, Streithändel, aber auch mehr und mehr wegen politischer Unzuverlässigkeit mit Lagerhaft bestraft wurden. Ihr Schlafsaal lag von unseren getrennt. Die persönlichen Beziehungen zwischen den Häftlingen und den Sonderhäftlingen waren schlecht, schlechter als zwischen den Häftlingen und einem Teil der SS. Der zuletzt eingelieferte SA-Mann blieb nur zwei Tage und wurde dann von einem Sanitätsauto abgeholt. Es war nichts Näheres darüber zu erfahren, was mit ihm geschehen war.

Als mein SS-Mann das nächste Mal bei unserer Kolonne Wache schob, beschloss ich, ihm eine Gelegenheit zu geben, mit mir zu sprechen. Ich wollte hören, ob er mir etwas über den Vorfall sagen würde. Auf dem Weg zur Arbeit fragte ich meine Nebenleute, wer heute am Schippen sei. Das Schippen war die schwerste Arbeit und ging reihum. Jeder wollte sich davor drücken. „Heute bist Du dran, Heinrich", behaupteten mehrere Häftlinge. „Wat? Ick schon wieder?", sagte Heinrich, wenig erbaut von dem Gedanken.

„Gut", sagte ich, „ich werde heut schippen."

„Mensch, Du kannst wohl vor Kraft nicht loofen", neckten mich die anderen.

„Bravo, Karl", lobte Heinrich, „ich spuck Dir auch mal in die Suppe."

Diesmal begann ich das Gespräch mit dem Posten, als die Kameraden die Lore den Damm hinaufzogen.

„Was war denn mit dem SA-Mann los, den sie vor ein paar Tagen eingeliefert und dann mit dem Sanitätsauto abgeholt haben?"

„Er hat einen Geheimbefehl des Standartenführers verraten", sagte der SS-Mann.

„Verraten? An wen kann er verraten? Ans Ausland?"

„Meinen Sie, es gibt bei uns im Inland niemand, der Interesse an bestimmten Nachrichten hat?"

„Es kommt drauf an, um was für Nachrichten es sich dabei handelt."

„In diesem Fall sollen die Kommunisten von einer bevorstehenden Aktion der Geheimen Staatspolizei verständigt worden sein."

„So", sagte ich ungläubig, „vielleicht hat der SS-Mann irgendwo eine Bemerkung gemacht, die dann entstellt weiter gegeben worden ist. Man weiss doch, wie so etwas zustande kommt."

„Möglich, aber man kann nicht vorsichtig genug sein."

Die Lore kam an. Wir schwiegen. Man kann nicht vorsichtig genug sein. Was meinte er damit? Wer kann nicht vorsichtig genug sein? Unsere Genossen, die in der SS und SA arbeiten? Oder war es nur eine allgemeine Bemerkung? Er vermied es, genau wie ich, sich bestimmt auszudrücken. Das war nicht die übliche Sprache eines SS-Mannes oder eines Provokateurs.

„Sind Sie Berliner?" fragte er, als die Lore über der Uferböschung verschwunden war.

„Ich stamme aus Düsseldorf, aber ich habe lange in Berlin gelebt."

„Sie sind Elektro-Ingenieur. Da kennen Sie vielleicht den Franz Helling?"

Mir fuhr ein Schlag über den Rücken. Franz Helling war einer unserer Vertrauensleute bei den Nazis.

„Franz Helling, Franz Helling, der Name kommt mir irgendwie bekannt vor, aber ich weiss im Augenblick nicht, wo ich ihn hin tun soll."

„Ich dachte, Sie kennen ihn vielleicht", sagte der SS-Mann leichthin. „Er kennt Sie nämlich. Und neulich kam zufällig die Rede auf Sie."

„Ist es der, der bei Siemens-Schuckert zusammen mit mir gelernt hat, ein grosser, dunkler?"

„Ganz recht, den mein ich."

„Ja, den kenn ich sehr gut."

„Er lässt Ihnen einen Gruss bestellen."

„Danke."

„Ich seh ihn wahrscheinlich, wenn ich Weihnachten nach Hause fahre. Soll ich ihm etwas ausrichten?"

„Wenn Sie so freundlich sein wollen. Sagen Sie ihm, ich warte jetzt einmal die Gnadenaktion ab, vielleicht falle ich darunter. Wenn nicht, könnte er mir vielleicht helfen, einen Rechtsanwalt zu finden, um meine Entlassung zu beschleunigen."

„Gut. Werd ich machen. Ich heisse Julius Stetten."

Das war alles, was wir an diesem Tag zusammen sprachen. Mir war es übergenug. Wusste Stetten, wer Franz Helling war? Arbeitete er mit ihm zusammen? War er einer von den unseren? Ich neigte mehr und mehr dazu es anzunehmen. Aber es konnte auch eine gross angelegte Provokation sein. Ich durfte vorläufig niemand anderes in die Sache verwickeln. Nur mit dem Schieber besprach ich alles, und wir beschlossen, erst einmal Weihnachten abzuwarten, ehe wir von uns aus die Initiative ergriffen.

Das einzige, was für die Gnadenaktion sprach, war die Tatsache, dass seit vier Wochen kein Häftling mehr entlassen worden war. Die Unruhe wuchs, als es bekannt wurde, dass sechsundvierzig Entlassungsorders schon über vierzehn Tage bei der Lagerpolizei vorlagen.

Ich weiss nicht, ob es eine Eigenheit des deutschen Arbeiters ist, jedenfalls waren die Gefangenen über die Willkür der Lagerverwaltung erbitterter, als über die Gesetzlosigkeit der ganzen Schutzhaft. Mit der Schutzhaft musste man sich unter den gegebenen Umständen abfinden, es war überflüssig, ein Wort darüber zu verlieren. Dass aber eine untergeordnete Behörde den Anweisungen des Ministeriums nicht nachkam, erregte die Kumpels bis aufs Blut. In diesen Tagen vor Weihnachten reifte in vielen der Gedanke, ihre Entlassung jetzt in eigene Hände zu nehmen.

So kam das Fest der Liebe heran und erfüllte das Lager mit seinem Geist. Schinderknecht hatte bei unserer Arbeitskolonne einen Weihnachtsbaum für den Speisesaal bestellt. Er wusste, dass wir ihn aus dem Staatswald stahlen. Der Kommandant hob das Rauchverbot und die Besuchssperre auf und liess bekannt geben, dass die Schutzhäftlinge sich ihre Musikinstrumente schicken oder mitbringen lassen könnten. Wir durften bis neuneinhalb Uhr aufbleiben. Am Heiligen Abend ging der Kommandant mit seinem Stab, durchs Lager und öffnete mit eigener Hand die Bunkertüren. Das Nazi-Christkind mit Schmeerbauch und dem Eisernen Kreuz II. Klasse.

Meine Kompagnie hatte am ersten Feiertag nachmittags eine halbe Stunde Besuchszeit. Von zu Haus konnte ich niemand erwarten, die Reise war zu weit und zu teuer, aber vielleicht kam jemand von Berlin. Ich redete mir die Hoffnung so weit aus, dass ich nicht allzu sehr enttäuscht werden konnte.

Seit acht Uhr morgens standen hunderte von Menschen vor dem Lager, meistens Frauen, viele mit Kindern an der Hand oder auf dem Arm. Fünfzehn Minuten vor vier hatten wir vor dem Schlafsaal anzutreten, fünf Minuten vor vier

standen wir vor der Tür der Speisehalle, aus der gerade
die Besucher der 7. Kompagnie herauskamen. Ein kleines
Mädchen an der Hand seiner Mutter drehte sich immer
wieder um und fragte schluchzend: „Warum kommt er
denn nicht mit uns? Warum kommt er denn nicht mit
heim?"
Punkt vier Uhr betraten wir die Speisehalle und setzten
uns an die eine Seite der aneinandergereihten Tische. Keiner wollte sich seine Unruhe, Hoffnung und Erwartung anmerken lassen. Da wir mit dem Rücken gegen Fenster und
Tür sassen, sahen wir die Besucher erst, wenn sie auf der
anderen Tischseite suchend unsere Reihe abgingen. Wir
erkannten sie schneller als sie uns. Wie glücklich die Arbeiter waren, wenn sie ihre Angehörigen sahen! Fast alle
hatten Besuch bekommen. Neben mir sass Karl Mahnke,
dessen Mutter gekommen war. Sie öffnete ihren Karton
und legte ihm eine Wurst, eine Tafel Schokolade, fünf
Päckchen Saba-Gold-Zigaretten und einen selbstgebacke-
nen Kuchen auf den Tisch. Er sagte kein Wort des Dankes.
Sie wusste auch nicht, wie sie das Gespräch nun beginnen
sollte.
Schliesslich sagte sie:
„Vater ist alt geworden. Es nimmt ihn mit, dass Ihr so
schlecht miteinander ausgekommen seid. Er lässt Dir einen
Gruss ausrichten." Dabei fuhr sie sich mit dem Aermel
über ihre alten Augen. Mahnke griff über den Tisch hinüber und ergriff ihre Hand.
Gab es etwas Erschütterndes als diese alten Arbeiterfrauen!
Dreissig, vierzig Jahre lang waren sie durch die Tretmühle
des Kapitalismus gegangen, hatten Kinder grossgezogen in
der Hoffnung, dass die es einmal besser haben würden als
ihre Eltern. Und jetzt, eine Stunde vor ihrem Tod, sahen sie
sie rettungslos in den Klauen der Macht, die schon ihr Leben vernichtet hatte. Kein Wort der Klage, kein Wort des
Vorwurfs, auch wenn sie das Handeln ihrer Söhne nicht ver-

standen hatten. Es ging ihnen schlecht — wann war es ihnen gut gegangen? — und sie halfen ihnen.

Eine Frau kam an mir vorüber, mit dem bleichen, eingefallenen Gesicht der Hochschwangeren. Mit Mühe trug sie ihren mächtigen Leib vor sich her. Sie war schon zwei Schritte an mir vorbei, als ich sie plötzlich erkannte.

„Anna", rief ich und sprang auf.

Sie drehte sich um und musste zweimal hinsehen, um sicher zu sein, dass ich es war. Wir reichten uns über den Tisch die Hände.

„Ich bin hier als Deine Frau", sagte sie schnell, nachdem sie sich überzeugt hatte, dass kein Posten in der Nähe stand.

„Zuerst soll ich Dir ausrichten, dass es uns allen gut geht. Das schickt Dir Deine Mutter, und ein bisschen ist auch von mir dabei. Von ihr hab ich auch etwas. Ich muss aber erst meinen Schuh binden. Himmel, ist mein Bauch schwer. Lass mich den Fuss drüben auf die Bank stützen."

Ihre Fussspitze klopfte an mein Bein. Ich griff hinunter, fühlte das Papier und steckte es in die Tasche.

„Ich konnte damals nicht kommen", sagte sie. „Ich kann nicht mehr radfahren. Aber wir haben Deinen ersten Brief bekommen und es ist alles erledigt worden. Die Wohnung ist inzwischen weitervermietet, aber mir als Deiner Frau haben sie die Möbel herausgegeben und es fehlt nichts, nicht einmal die Vereinsliste. Und wie geht's bei Euch?"

„So wie immer. Vielleicht augenblicklich ein bisschen mieser. Die Gnadenaktion spukt hier herum und richtet Unheil an."

„Denkst Du, dass Du dabei bist?"

„Ich hab' keine Ahnung."

„Der Franz meint, Deine Zeit sei um. Du weisst, der Gegner-Franz."

„So", sagte ich und bewahrte Fassung.

Jetzt war alles klar. Anna hatte Verbindung mit Franz

Helling aufgenommen, und Stetten war Hellings Verbindungsmann. Hellings Parteinamen „Gegner-Franz" kannten nur ein paar Funktionäre, die in der Gegnerarbeit mit ihm zu tun hatten.

„Wenn Du diesmal nicht dabei bist, meint Franz, kommst Du spätestens Mitte oder Ende Januar dran", fuhr Anna in demselben gleichmütigen Ton fort. „Lange kann es nicht mehr dauern. Lange darf es nicht mehr dauern." Das „darf" hatte eine leichte Betonung. Ich versuchte in ihrem Gesicht zu lesen.

„Otto ist nämlich auch krank."

„Seit wann?", fragte ich, und fühlte, wie mir die Knie weich wurden.

„Seit einer Woche. Er liegt im selben Krankenhaus in Berlin, wo Du damals warst."

In diesem Augenblick kam mir zum Bewusstsein, wie stark die uneingestandene Hoffnung auf baldige Freiheit in mir gewesen war. Jetzt, da sie zusammenfiel. Otto war hochgegangen. Bei derselben Arbeit, die ich bis zu meiner Verhaftung gemacht hatte. Es war sehr gut möglich, dass die Geheime auch Material gefunden hatte, das mich belastete. Ich musste daran denken, was mir bevorstand, wenn sie sich überzeugen konnten, dass ich bei den Verhören gelogen hatte. Anna sah, was in mir vorging.

„Es ist kein Grund sich aufzuregen. Du weisst ja, die ärztliche Untersuchung dauert ihre Zeit und man kann noch nicht sagen, ob sie das Uebel findet. Aber es wäre auf jeden Fall gut, wenn Du bald --" hinter ihr in Zivil stand plötzlich der Obersturmführer von Zaskowsky. Ich stiess sie mit dem Fuss an. Ohne die geringste Stockung beendete sie ihren Satz: „ . . . entlassen würdest. Wer weiss, wie die Entbindung verläuft und ob ich Dich nachher noch einmal sehe."

„Heutzutage", sagte ich zuversichtlich, „wo die Kliniken so gut eingerichtet sind und unser Staat so dringend Kin-

der braucht, sollte sich keine Frau mehr vor der Entbindung
fürchten."

Dem schwulen Bruder ging mein Pflichtbewusstsein, für
staatliches Kanonenfutter zu sorgen, wie Honig ein. Er
musterte mich einen Augenblick und ging langsam weiter.
„Weisst Du etwas Näheres darüber, wie es passiert ist?",
fragte ich sie.
„Ein ganz dummer Zufall. Sie fanden ihn bei einer Strassen-
razzia und nahmen ihn mit zum Alex, weil er sich nicht
ausweisen konnte. Dort stellten sie nach einigem Suchen
seine Personalien fest."
„Hatte er etwas bei sich?"
„Das weiss man nicht."
„Woher kennst Du den Franz?"
„Er kam zu mir, um sich nach Dir und anderen Freunden
zu erkundigen."
„Hat er etwas über die Schritte gesagt, die man wegen der
Entlassung unternehmen soll?"
„Er sagte, Du wirst dieser Tage von ihm hören. Mehr weiss
ich auch nicht. Aber Du kannst mit Julius darüber spre-
chen. Das hat er mir ausdrücklich aufgetragen."
„Und wie geht es Dir, Anna? Was hörst Du von Erich?"
„Er ist tot."
Ich wollte ihr etwas Tröstendes sagen, aber es fiel mir
nichts ein. Ihr Mann war schon im Frühjahr verhaftet
worden. Jetzt hatten sie ihn umgebracht. Und Anna hatte
ihm nicht helfen können. Er war allein in einer der Folter-
zellen gestorben. Was sie in all den Monaten ausgehalten
haben musste. Und dazu noch die Schwangerschaft.
„Es kommt alles einmal anders, Anna."
Was für ein unsinniges Geschwätz. Erich kam nie wieder.
Auf ihrem guten Gesicht zeigte sich zum ersten Mal Ver-
zweiflung.
Durch die Tischreihen ging plötzlich eine Bewegung. Alle
Köpfe wandten sich nach dem unteren Ende der Baracke,

170

wo die Wache gerade einen Häftling abführte. Der Kumpel hatte mit seiner Frau über die Behandlung im Lager gesprochen und war von Zaskowsky belauscht worden. Es trat ein Augenblick lähmender Stille ein, bis ein paar kleine Kinder zu weinen begannen. Dem diensttuenden Truppführer war der Vorfall unangenehm. Er war ein ruhiger Mann, der dafür bekannt war, dass er den Häftlingen das Leben nicht unnötig schwer machte. Dieser Abschluss des Weihnachtsbesuches war ihm nicht recht. Aber Zaskowsky war sein Vorgesetzter und er hatte das Maul zu halten. Alles, was er tun konnte, war, unsere halbe Stunde um fünf Minuten zu strecken.

Die Pritschen des Schlafsaales waren mit Paketen bedeckt. Es war kaum ein Häftling, der nicht Besuch gehabt oder wenigstens ein Weihnachtspaket bekommen hatte.
Schütz rief mich zu seiner Pritsche und zeigte mir strahlend zwei Riesenwürste, die ihm Bertha geschickt hatte. Daneben lag noch ein Päckchen, mit dem er nichts anzufangen wusste. Er buchstabierte immer wieder den Absender. Die Adresse war richtig. Richard Schütz, 8. Kompagnie, Nr. 467, aber der Absender? Er konnte sich an den Namen nicht besinnen.
„Kenn ich nicht. Kenn ich verdammt nicht."
„Na guck doch, was es ist", riet ich ihm.
Er wickelte drei grosse bunte Taschentücher aus dem Seidenpapier, zwei Päckchen Tabak, 40 Zigaretten, Aepfel, noch eine Wurst und ein halbes Pfund Butter in einer Aluminium-Dose.
„Na, Du kannst ja nicht umkommen", sagte ich.
„Jetzt möcht ich doch wissen, wer das geschickt hat", wiederholte er immer wieder und zerbrach sich den Kopf. Ich konnte ihm auch nicht auf die Spur helfen, bis ich bei den acht Kumpels aus der Priegnitz vorbeikam.

„Siehste, bei uns klappt der Laden", sagten sie stolz und zeigten mir heimlich ihre Rote Hilfe-Pakete, die ihnen ihre Ortsgruppe unter erdachtem Absender-Namen geschickt hatte.

Schütz kriegte das Maul nicht mehr zusammen, so freute er sich, dass seine kleine Ortsgruppe noch funktionierte und ihn nicht vergessen hatte.

In dem Dämmerlicht der zweiten Etage las ich Käthes Brief. Wie gut es war, ihre Handschrift wieder zu sehen. Sie war bei Genossen in Paris, ohne Geld, aber gesund, und vielleicht würde sie sogar eine Arbeit finden, schrieb sie. Ich solle mir nur keine Gedanken um sie machen. Sie sei sicher, dass wir uns bald wiedersehen würden. Und sie möchte schon gern wieder einmal ihre Nase an mein dummes Gesicht drücken.

So ein Besuchstag hatte seine zwei Seiten. Wenn die Angehörigen gegangen waren, blieb erhöhte Unruhe im Lager. Tausend Nachrichten und Gerüchte, Hoffnungen und Enttäuschungen waren hereingetragen worden und erzeugten eine Erregung, in der sich unser Leben noch schwerer ertragen liess.

Am zweiten Weihnachtstag, während der Besuchszeit der vierten Kompagnie, erschien der Kommandant mit seinem Stab von Offizieren und zwei Herren in Zivil in der Speisehalle.

Der Häftling, der sie zuerst sah, brüllte „Achtung" und alles spritzte hoch.

Sogar die Frauen erhoben sich verwirrt.

„Rühren", dankte der Kommandant mit der Hoheit eines Garde-Rittmeisters. Er befahl, dass die Häftlinge die Tische räumten und im Hof antraten. Der Adjutant verlas darauf das Namensverzeichnis der Gefangenen, die anlässlich der Gnadenaktion am nächsten Tag entlassen werden sollten. Es waren achtundfünfzig Mann. Seit der Entlassungssperre waren über neunzig Neue eingeliefert worden. Schütz,

Fritz, Felix aus der Schuhmacherwerkstatt, der Schreiner Kuleke, Michaelis und ich waren bei den achtundfünfzig. Wir sahen die Gesichter der siebenhundert Zurückbleibenden und konnten uns nicht freuen.

Die beiden Herren in Zivil waren Beamte der Geheimen Staatspolizei, die eigens ins Lager gekommen waren, um uns auf die Bedeutung der Gnadenaktion aufmerksam zu machen. Der eine hielt eine Rede.

„Wir erwarten von Ihnen nicht, dass Sie alle das Lager als überzeugte Nationalsozialisten verlassen, aber wir sind sicher, dass sie mit offenen Augen durch unser Neues Deutschland gehen. Die Praxis wird Ihnen zeigen, dass wir mit der Korruption des alten Systems ein für allemal aufgeräumt haben und dem Arbeiter den Platz in der Volksgemeinschaft gaben, den er verdient. Wir brauchen Sie wohl nicht darauf aufmerksam zu machen, dass diese Gnadenaktion der nationalsozialistischen Regierung ein Zeichen ihrer absoluten Stärke ist. Wehe den Feinden, die noch immer heimlich in unserem Volk gegen die neue Regierung wühlen. Und wehe demjenigen unter Ihnen, der sich noch einmal gegen den Willen unseres Führers, des Herrn Reichskanzlers Adolf Hitler, stemmt. Ein zweites Mal hat er keine Gnade zu erwarten."

Der Kommandant legte uns in einer kurzen, schneidigen Ansprache ans Herz, die falschen Gerüchte, die über sein Lager in Deutschland und im Ausland verbreitet seien, zu entkräften und ihm die Verbreiter solcher Greuelmeldungen anzuzeigen.

Damit fand der würdige Akt sein Ende.

In den Schlafsälen ging es an diesem Abend laut her. Trotz der grossen Enttäuschung mit dem Amnestie-Schwindel gönnten uns alle die Entlassung. Wir verteilten unsere schönen Weihnachtspakete. Schütz sah seinen drei Würsten trauernd nach. Die meisten packten noch am Abend ihre Habseligkeiten in den Persilkoffer, um fertig zu sein, das Lager jede Minute verlassen zu können. Ich gab meine meisten Esswaren dem Schieber, der nicht begnadigt worden war.

Als ich ihn fragte, wie es mit seiner Entlassung aussehe, sagte er:

„Ich denke, dass meine Zeit jetzt um ist."

„Haben Deine Angehörigen Bescheid bekommen?"

„Das nicht. Wem sollten sie auch Bescheid zuschicken. Meine Frau ist tot, mein Aeltester sitzt, der Jüngste ist im Ausland."

„Und warum denkst Du, dass sie Dich bald herauslassen?"

„Ich muss nach Leipzig. Am sechsten Januar komme ich vor wegen Landesverrat. Und das will ich mir wirklich schenken."

„Wenn es das ist, kann ich Dir dabei helfen", sagte ich, „ich habe Verbindung nach draussen."

„Ich denke, ich mach es allein."

„Hast Du schon was vorbereitet?"

„Es gibt nicht viel vorzubereiten. Ich hab mir überlegt, wie ich es machen kann."

„Von hier oder von der Arbeit?"

„Von der Arbeit. Ich melde mich in ein Waldkommando und haue sofort am Morgen ab."

„Hast Du Geld?"

„Zwei Mark achtzig."

„Damit kommst Du doch nicht weit."

„Das nicht. Aber ich verlasse mich auf meine zwei Stunden Vorsprung. Es bleibt mir schliesslich nichts anderes übrig, als es zu riskieren."

Ich riet ihm ab. Es musste organisiert sein, und ich überzeugte ihn, dass ich einen besseren Plan hatte. Ich sagte ihm, Stetten sei unser Mann und käme mit näherem Bescheid von Berlin zurück. Aber da ich dann schon nicht mehr im Lager war und Stetten sich bisher keinem anderen Genossen genähert hatte, musste die Verbindung zwischen ihm und dem Schieber hergestellt werden.   Ich schrieb einen Zettel, dass ich entlassen worden sei und der Schieber an meine Stelle träte. Den sollte der Schieber Stetten zustecken.

Vor dem Einschlafen besprachen wir noch einmal alle Einzelheiten.

Am nächsten Tag, von sechs Uhr an, standen die Entlassenen vor der Schreibstube, um abgefertigt zu werden. Wir wurden wieder gewogen.

Jeder hatte zugenommen.

Die SS war gut gelaunt und prügelte uns nicht, wenn wir ins Zimmer eintraten und fragten, ob wir eintreten dürften.   Wir hatten zwei lange Reverse zu unterschreiben, einen für die Geheime Staatspolizei, einen für die Lagerverwaltung.   Darin verpflichteten wir uns, uns nie wieder, weder in Wort noch in Schrift noch in Tat gegen die nationalsozialistische Regierung zu versündigen und entsagten aller Ansprüche auf Ersatz von Schäden oder Verlusten, die wir durch die Schutzhaft erlitten hatten. Wir schworen ausserdem, dass uns nichts Nachteiliges geschehen war und dass wir die Massnahmen, die die Regierung gegen uns ergriffen hatte, als voll und ganz gerechtfertigt anerkannten. Keiner zögerte eine Sekunde zu unterschreiben. Wir erhielten einen roten Ausweis, dass wir so und so lange in Schutzhaft gewesen waren. Damit hatten wir uns bei der Polizeibehörde unseres Wohnortes zu melden. Da wir „auf Probe" entlassen wurden, blieben wir weiter unter Polizeiaufsicht und waren verpflichtet, uns bis auf Weiteres täglich auf dem Polizeirevier zu stellen. Zusammen mit uns achtundfünfzig Amnestierten verliessen dreiundzwanzig Genossen das Lager. Sie wurden in Polizeiwagen nach Hannover transportiert, um wegen Hochverrats abgeurteilt zu werden. Das grosse Lagertor schloss sich hinter den Wagen. Wir gingen durch die kleine Tür an der SS-Wache vorbei ins Freie. Keiner sah sich um. Keiner sprach ein Wort.

Ueber der kleinen Stadt lag noch die Stille der Feiertage. Ein paar dienstfreie SS-Leute von der Lagerwache flanierten durch die Strassen. Am Bahnhof verabschiedeten wir uns. Jeder fuhr seiner Wege.

XI.

ILLEGAL

Der Zug war fast leer. Zwischen den Feiertagen war wenig
Reiseverkehr. Fritz, Felix, noch drei entlassene Berliner
und ich sassen in verschiedenen Abteilen. Jeder hatte sich
allein gesetzt, in dem Gefühl, dass man uns dann weniger
beobachte.

Eine seltsame Vorstellung, wieder frei zu sein. In meinem
Nacken spürte ich immer noch die Augen der SS-Wache
und instinktiv nahm ich wieder die Gewohnheiten aus der
illegalen Zeit an.

Anna wohnte in Charlottenburg. Ich könnte bis Bahnhof
Zoo fahren, überlegte ich mir, dachte dann aber, es sei
besser, schon Friedrichstrasse auszusteigen und die U-Bahn
zu nehmen. Aus alter Gewohnheit.

Als der Zug einlief, war es Nacht, zu spät, um noch zu
Anna zu fahren. Fritz wollte mich unbedingt mit sich nach
Hause nehmen, ich lehnte aber ab, weil ich sein Wiedersehen mit seiner Familie nicht stören wollte. Er liess mich
erst gehen, als ich ihm versicherte, dass eine alte Freundin

mich erwarte. Ich gab mein Paket in einer Arbeiterkneipe ab und bummelte durch die Strassen des nächtlichen Berlin. Sie kamen mir stiller vor als vor einem halben Jahr. Die Linden lagen verödet. In der Friedrichstadt trippelten die Mädchen, die durch ihre Nazi-Kundschaft der moralischen Reinigung entgangen waren, frierend auf und ab. Ich ging bei Wertheim vorüber, dem jüdischen Warenhaus, dessen hohe Schaufenster im Glanz von tausend Lichtern strahlten. Das Riesengebäude zeigte noch keine Spuren kleingewerblicher Untervermietung. In den Cafés am Potsdamer Platz spielten als SA-Männer verkleidete Musiker Wagner'sche Donnermusik. Das neue Columbus-Haus, — der Name weckte Erinnerungen — hob sich schwarz gegen den Himmel. In seiner gewaltigen Front war kein Licht zu sehen. Unvermietet. Im Erdgeschoss hatte Woolworth einen zehn und zwanzig Pfennig-Laden aufgemacht. Die armen Teufel vom Kampfbund für den gewerblichen Mittelstand ballten die Faust in der Tasche, wenn sie am Potsdamer Platz vorbei kamen. Ich ging die Bellevuestrasse durch bis zum Kemper-Platz (er war umgetauft in Skagerrack-Platz) und sah, dass das alte stille Café am Ende der Strasse eine nationalsozialistische Konjunktur erlebte. Es war dichtgefüllt. Aus dem Innern klang Tanzmusik, und Dutzende von Luxuswagen mit Hakenkreuzwimpeln parkten davor. Ein wartender Taxi-Chauffeur sagte mir, dass das Café jetzt dem reichen Steinmeyer gehöre. Steinmeyer, im „Angriff" gerühmt als das Vorbild des modernen Cafétiers, besass ausser zwei Cafés in der Friedrichstrasse, auch eines der Nachtlokale, dessen Damen sich bei den Herren aus der Provinz grosser Beliebtheit erfreuen.

Der Tiergarten lag ruhig und dunkel da. Seine weiten Rasenflächen waren mit Schnee bedeckt. Keine Hakenkreuze, keine SA-Uniformen, keine Wagnermusik. Ich setzte mich auf eine Bank. Hier hatte ich mich oft mit Genossen verabredet, zuletzt noch mit Anton. Er war tot, und ich war wieder draussen. Bis zum nächsten Mal. Ein Satz kam mir in den Sinn: Wir Revolutionäre sind Tote auf Urlaub. Hatte es nicht Eugen Léviné vor seinen bayrischen Henkern gesagt? 1919. In einer Woche war 1934. Ich dachte an die vielen unbekannten Soldaten der deutschen Revolution. Anton war einer der treuesten gewesen. Wie ich hier das letzte Mal auf ihn wartete, fiel mir ein älterer Herr auf mit Stock und Handschuhen und dem leichten Stelzschritt des pensionierten Offiziers. Wie er sich freute, dass ich ihn nicht erkannt hatte. Aber ein Spitzel hatte ihn erkannt. Kurz vor seinem Tode hatte er einen Brief aus dem Gefängnis geschmuggelt, dass er sich erhängen werde, weil er die Schuld nicht ertragen könne, durch seine Vertrauensseligkeit zwei seiner Mitarbeiter der Geheimen ausgeliefert zu haben. War es wirklich notwendig, dass er sich deswegen das Leben nahm? Er war doch kein Verräter. Aber die Verräter bringen sich nicht um. Was Antons Mutter wohl machte? Sie war eine gläubige Katholikin und Anton ihr einziges Kind. Ich musste an meine Mutter denken, an ihr kleines, versorgtes Gesicht mit den guten Augen. Sie war sicher noch immer nicht zum Arzt gegangen, um sich eine neue Brille verschreiben zu lassen, und mit der alten konnte sie kaum lesen. Ich werde mir etwas Geld leihen und es ihr schicken. Aber dann wird sie es wie gewöhnlich im Haushalt verbrauchen. Kochen, Essen, Bettenmachen, Fegen — was für ein Dasein. Und so wie die daheim, lebten Millionen deutsche Kleinbürger, vollkommen unfähig, zu verstehen, was diese Welt regierte, in der sie einen immer kleineren Winkel für sich zugewiesen fanden. Nie vorher war mir die traurige Dreieinigkeit von Gott, Familie und dem kleinen Privateigentum so zum Bewusstsein gekommen, nie vorher hatte ich so gut verstanden, was diese Millionen zum Faschismus getrieben hatte. Das kleine Eigentum lehnt sich in seinem Todeskampf noch einmal auf gegen das grosse und gegen unser Eigentum, das nicht mehr privat ist. Sie kämpfen für die Gerechtigkeit des Mittelstandes und verrichten mit dem Eifer des guten Gewissens die Arbeit ihrer und unserer Henker. Sie sollten unsere Verbündeten sein. Nur die Arbeiter können sie aus der Idiotie ihres Daseins befreien. Einmal werden sie sich von uns führen lassen, aber heute verfolgen sie uns im Namen von Gott, Ehre und Volksgemeinschaft. Wenn sie wüssten, was sie tun! Sie zwingen uns, aus Selbsterhaltung auch gegen sie zu kämpfen. Die Erzählung eines alten Spartakus-Kämpfers fiel mir ein, der als Revolutionär ins Feld gegangen war und mit dem vollen Verständnis, was er tat, seinen französischen Klassengenossen das Bajonett hatte in den Leib stossen müssen. Er oder sie. Die Militärmaschine der herrschenden Klasse liess das dritte nicht zu.

Mir war kalt. Ich stand auf und ging durch die Strassen des alten Westens. Am Nollendorf-Platz bekam ich die letzte U-Bahn und fuhr zurück zum Stadtbahnhof, um mein Paket aus der Kneipe abzuholen. Der Wirt reichte es mir über die Schenke und goss mir einen Korn ein.

„Wohl lange keenen mehr jetrunken?", sagte er und deutete auf den Karton, auf dem hoch der Zensurstempel des Lagers zu sehen war.

„Fünf Monate, Prost."

„Prost. Heute herausjekommen?"

„Ja."

„Haben Se Ihre Familje hier?"

„Nee."

„Wo bleiben Se denn über Nacht?"

„Das weiss ich noch nicht."

„Wenn's Ihnen nichts ausmacht, können Se in dem kleinen Vereinszimmer schlafen. Ick leje Ihnen ne Matratze rin. Verwöhnt sind Se ja woll nicht."

„Danke. Aber ich will erst mal bei einem Freund von mir vorbeigehen und sehen, ob ich dort bleiben kann."

„Wie Se wollen. Ick habe lang uff. Kommen Se ruhig

zurück, wenn Se bei Ihrem Freund nich unterkommen können."

Ich wollte zahlen, er lehnte aber ab.

„Schon jut, schon jut. Se haben ja woll nich allzeville uff de hohe Kante jelegt im letzten halben Jahr."

Das mit dem Freund hatte ich nur so gesagt, weil mich sein Angebot im ersten Augenblick in Verlegenheit gebracht hatte. Wie ich jetzt auf der Strasse stand, wusste ich nicht recht, was tun. Die Geschäftsabteilung des Lagers hatte uns das Fahrgeld für die Heimfahrt auf den Pfennig genau ausgerechnet. Sie kümmerte sich nicht darum, was weiter mit uns geschah. Ich besass noch ein paar Groschen, die ich bei meiner Entlassung aus Columbia zurückbekommen und die ganze Zeit im Lager versteckt gehalten hatte. Es reichte für eine Schlafstelle. Uebrigens, vielleicht war es kein schlechter Gedanke, bei Georg vorbei zu gehen und zu sehen, ob er noch Licht hatte. Er wohnte in der Karlstrasse, nur zehn Minuten von hier.

Georg war noch auf und brachte mich fast um vor Freude. Er fegte die Bücher und Kleidungsstücke, die auf dem alten Sofa lagen, auf den Boden und zwang mich, mich auszustrecken.

„Es ist heute nicht besonders aufgeräumt bei mir", entschuldigte er sich. Ich lachte. Die Bude sah genau so aus wie immer. Er kochte Kaffee und bohrte aus irgend einem Versteck ein Stück alten Kuchen heraus.

Dann musste ich ihm vom Lager erzählen. Es war schon nach vier Uhr früh, als wir uns endlich schlafen legten.

Anna traute ihren Augen nicht, als ich am nächsten Morgen in die kleine Küche eintrat. Ihre Schwester nahm gleich Hut und Mantel und verliess das Haus.

„Franz will sofort Bescheid haben, sowie wir etwas von Dir hören", erklärte Anna. „Und jetzt iss mal ordentlich, oder willst Du erst ein Bad?"

„Wenn Dir's recht ist, erst ein Bad."

Wie sie mir ein frisches Hemd aus der Kommode herauslegte, sah ich die sorgfältig geordnete Wäsche Ihres Mannes.

„Hast Du Erich noch gesehen, bevor er starb?"

„Nein. Ich wusste nicht einmal, dass er krank war. Eines Tages bekam ich einen Brief aus dem Krankenhaus, dass mein Mann an Nierenvereiterung gestorben sei. Ich fuhr gleich hin und habe verlangt, dass man ihn mir herausgibt. Der Abteilungsarzt hat aber behauptet, er sei schon beerdigt. Ich hab' ihm gesagt, dass mein Mann nie nierenkrank gewesen ist. Ich hab' ihm ins Gesicht gesagt, dass sie ihn ermordet haben. Er hat nur mit den Schultern gezuckt. ,Ich kann Ihnen nicht helfen. Es tut mir leid.' Fertig. Damit konnt' ich gehen."

Ihre Stimme war voll Hass und Bitterkeit.

„Was willst Du jetzt machen?", fragte sie dann.

„Es kommt drauf an, welche Arbeit mir die Partei gibt. Wann erwartest Du das Kind?"

„In ein bis zwei Wochen. Es macht mir schon sehr zu schaffen, besonders beim Treppensteigen. Ich musste deswegen meine Funktion abgeben."

„Was hast Du zuletzt gemacht?"

„Kassiert. Es ist viel Lauferei, seitdem wir ganz auf Fünfergruppen umgestellt haben. Jede Gruppe wird für sich kassiert, und die Gruppenkassierer rechnen über zwei Sammelstellen mit dem Unterbezirk ab."

„Wieviel von den alten Parteimitgliedern kassiert Ihr jetzt bei Euch im Unterbezirk?"

„Es ist alles sehr verändert. Viele Genossen haben ihre Wohnungen gewechselt und sind jetzt andern Unterbezirken zugeteilt. Dafür sind Genossen aus andern Stadtteilen hierhergezogen. Seit November steigt jedenfalls die Zahl der Kassierten dauernd.

„Wo ist August?"

„Noch in Berlin. Ich sah ihn einmal in der U-Bahn."

„Und Rudolf?"

„Ist in einen anderen Bezirk geschickt worden."

„Hast Du etwas von Otto gehört?"

„Hans hat ihn zuletzt in Columbia gesehen, das ist alles, was ich seit seiner Verhaftung von ihm weiss."

„Welcher Hans?"

„Unser Hans von der Mommsenstrasse. Er ist vor kurzem entlassen worden."

„Weisst Du seine Adresse? Ich möchte ihn sehen."

„Er wohnt bei seiner Mutter. Wenn Du willst, kann ich Elisabeth hinschicken."

„Nicht nötig. Ich gehe selbst vorbei."

Sowie ich mit dem Essen fertig war, holte Anna ein kleines Notizbuch und rechnete mit mir ab. Sie hatte unsere Wohnung aufgelöst, die Möbel verkauft, und über jede Einnahme und Ausgabe peinlich genau buchgeführt. Sie machte sich Vorwürfe, dass sie meinen teuersten Besitz, die Bücher, nicht hatte retten können. Die Polizei hatte sie beschlagnahmt.

Ich ging zu Hans. Seine Mutter öffnete mir die Tür. Sie betrachtete mich misstrauisch, als ich nach ihrem Sohn fragte.

„Er ist nicht zu Hause. Kann ich etwas ausrichten?"

„Ich möchte ihn gern selber sehn. Wir waren nämlich zusammen in Columbia."

Darauf forderte sie mich auf, hereinzukommen und zu warten. Er werde bald zurück sein.

„Er ist zum Polizeirevier gegangen. Er muss sich ja jeden Tag dort melden."

Mir fiel ein, dass ich es noch nicht getan hatte. Sie ging wieder an den Waschzuber und fuhr in ihrer Arbeit fort.

„So, da sind Sie auch jetzt herausgekommen. Die Zeit werden Sie wohl nicht vergessen. Der Hans erzählt mir ja nichts. Es regt mich zu sehr auf. Aber wie ich zum ersten Mal seine Wäsche bekommen habe, da wusst ich genug. Das Hemd war voll Blut und Eiter. Ohne meinen Aeltesten wär' er noch lang nicht herausgekommen. In der Prinz Albrecht-Strasse hatten sie ihn gar nicht in den Listen, und in Columbia entlassen sie keinen ohne Order von der Prinz Albrecht-Strasse. Mein Aeltester ist zuletzt jeden Tag zur Gestapo gegangen, bis sie schliesslich nachgefragt haben. Die ganze Verhaftung war ein Racheakt von einem Nazi aus unserer Laubenkolonie, dem der Hans einmal einen Revolver abgenommen hat."

Sie schwieg eine Weile, und ich merkte, wie ihr Misstrauen wieder erwachte.

„Kennen Sie den Hans von früher?"

„Ja. Seit 1928. Wir machten dieselbe Arbeit in der Partei."

„Man kann heute ja keinem Menschen mehr trauen. Einer zeigt den andern an. Bei uns haben sie dreimal die ganze Wohnung auf den Kopf gestellt, weil man uns angezeigt hat, wir hätten Waffen versteckt. Manchmal verdächtigt man ja auch einen Unschuldigen. Unter uns wohnt ein früherer Freund von Hans, der im letzten Winter in die SA gegangen ist. Wir haben seitdem nicht mehr miteinander gesprochen. Er gehört zu dem Sturm, der Hans verhaftet hat. Sie haben ihr Lokal gleich nebenan. Wir waren sicher, dass alles auf ihn zurückgeht. Ein paar Tage, nachdem sie Hans geholt hatten, begegne ich ihm auf der Treppe. Da spricht er mich auf einmal an. ‚Frau Riedel', sagt er, ‚Sie sollen nicht glauben, dass ich den Hans verraten habe. Ich konnte nichts dran machen.' ‚Schon gut, sag' ich, so lernt man wenigstens seine Leute kennen.' Und hab' ihn stehen lassen. Am Abend kommt seine Mutter herauf. Ich wollte sie erst gar nicht hereinlassen, da fing sie auf einmal an zu weinen und sagte, es liesse ihrem Sohn keine Ruhe, dass er den Hans nicht gewarnt hätte. Er hätte am Abend vorher im Sturm gehört, dass sie ihn am Morgen holen wollten und hätte die ganze Nacht nicht geschlafen. Aber er hätte es nicht gewagt, weil doch der

Verdacht gleich auf ihn gefallen wäre. Ich konnte ihr nicht einmal böse sein deswegen. Sie haben sich dann immer nach Hans erkundigt, und ihr Sohn hat meinem Aeltesten auch geholfen, ihn herauszukriegen. Jetzt will er ihn in seinen Sturm haben. Ich rede Hans zu. Was hat das alles für einen Wert. Kommt das Geringste hier im Block oder in der Strasse vor, so holen sie ihn wieder, ob er schuldig ist oder nicht. Und dann kommt er nicht mehr zurück. Wenn er aber in der SA ist, lassen sie ihn in Ruhe. Und was man unter der Uniform ist, braucht ja niemand zu wissen, den's nichts angeht."

Sie richtete sich vom Waschbrett auf und ging zur Flurtür und horchte die Treppe hinunter. „Da kommt er. Ich kenne ihn am Schritt. Aber er läuft die Treppen nicht mehr wie früher. Er ist auch älter geworden."

Sie seufzte. „Ja, so eine Zeit macht die Menschen bald fertig."

Sie setzte Kaffee auf und nahm den Einkaufskorb.

„Ich laufe nur rasch zum Bäcker ein Stückchen Kuchen holen."

Im Korridor hörte ich Hans sagen:

„Wohin, Mutter?"

„Du hast Besuch. Er wartet drin auf Dich. Ich bin gleich zurück."

„Na, also", sagte Hans, „da bist Du ja wieder. Lass' Dich mal bekieken. Bisken knochig geworden. So rosig und vollgefressen wie in der guten alten Brüning-Zeit siehste ja nicht mehr aus. Wann bist Du herausgekommen?"

„Gestern. Und Du?"

„Vor zehn Tagen."

„Ich höre, Dir wollten sie eine Lebensstellung in Columbia geben."

„Ja, ich gehörte schon zum eisernen Bestand. Sie hatten mich tatsächlich einfach vergessen."

„Sind noch viele dort?"

„Genau soviel, wie zu Deiner Zeit. Sie bleiben nur jetzt in der Regel nicht so lang, werden verhört und gleichgeschaltet und, wenn sie transportfähig sind, in die Gefängnisse und Lager abgeschoben."

„Wird immer noch so geschlagen?"

„Tagaus, tagein. In den letzten drei Monaten haben sie über vierzig Genossen totgeschlagen, buchstäblich totgeschlagen."

Eine Weile sprach keiner.

„Weisst Du, Karl, ich bin kein zartes Pflänzchen und vertrage einen gehörigen Knuff. Aber wie ein Mensch Tag für Tag Gefangene schlagen kann, immer mit derselben Grausamkeit und demselben Hass, das ist mir unfassbar. Ich hab' einen richtigen Schock wegbekommen. Wenn ein Kind auf der Strasse schreit, krieg' ich eine Gänsehaut. Und manchmal denk' ich mir, steck' Dir die Kanone in die Tasche und geh' hinunter und knall alles zusammen, was braun aussieht. Ich möchte ganz Berlin in die Luft sprengen, nur um diese braune Scheisse nicht mehr sehen zu müssen."

„Geht mir ganz genau so. Aber das wird sich legen. Wir müssen uns erst wieder an die frische Luft gewöhnen."

„Frische Luft?", sagte er. „Ich kriege den Geruch von Columbia nicht mehr aus der Nase."

„Du ruhst Dich jetzt erst mal richtig aus. Und wenn wir dann wieder in der Arbeit sind, vergehen alle diese Eindrücke."

„Wie willst Du Dich ausruhen? Jetzt sind sie schon wieder an mir, ich soll in die SA eintreten. Vor einem Jahr hätt' ich die Rolle wie nichts gespielt und mich über die Kaffern lustig gemacht. Jetzt krieg' ich den Arm einfach nicht hoch und möchte mir am liebsten die Zunge abbeissen, wenn ich Heil Hitler brüllen muss. Ich weiss, das ist sentimentaler Kohl, aber ich bring's nicht mehr fertig."

„Hast Du Dich schon bei der Partei gemeldet?"

„Natürlich. Ich hab' einen Bericht über Columbia geschrieben und der Partei alle Namen der SS und der Genossen gegeben, die ich persönlich gekannt habe.'

„Weisst Du, was aus Ernst geworden ist?"

„Tot".

Ich hatte keinen Mut, mehr zu fragen.

Er starrte vor sich hin.

„Karl", sagte er heiser, und die Tränen liefen ihm auf einmal herunter, „wir werden sie rächen, wir werden sie rächen."

Vor seiner hereinkommenden Mutter liess er sich nichts anmerken. Er half ihr den Tisch decken und fand seinen schnoddrigen Ton wieder.

„Ick habe Muttern schon jesagt, det ick jetzt pafekta Koch bin. Boxer-Orje war mein Lehrmeesta. Du erinnerst Dir doch an Orje, Karl, mit de Blumenkohl-Ohren. Solang Orje die Gulaschkanone unter sich hatte, hat mir's an nischt gefehlt. Aber eenen schönen Tages ham se Orje an de Hammelbeene jekriegt. Orje hat doppelte Buchführung jemacht, eene für die Rejierung und eene für sich. Mutta, de Bienenstich is ausjezeichnet. Du bist doch die beste von uns allen. Wat siehst De nach der Uhr. Du willst doch nich etwa schon wieder loofen?

Aber ich sagte ihnen, dass ich jetzt gehen müsste, um noch vor Büroschluss aufs Revier zu kommen.

„Ich geh' mit Dir", sagte Hans. „Mich kennen sie schon. Da geht's schneller."

Unten auf der Strasse fragte ich ihn nach Otto.

„Er liegt im Südflügel, zuerst allein, jetzt mit drei andern Genossen. Ich hab' ihn vor und nach dem Verhör sprechen können. Sie haben nichts gefunden, und er hat nur Belanglosigkeiten ausgesagt. Ich glaube, dass er durchkommt."

„Hat er Dir etwas wegen der Arbeit gesagt?"

„Nur, dass eine Genossin verständigt werden müsste. Das ist inzwischen erledigt."

„Hallo, Hans", grüsste ein an der Ecke stehender junger Bursche.

„Hallo, Willi."

„Gehst Deinen Kirchgang machen?"

„Nee, dat hab ick für heute schon hinter mir."

„Siehste", wandte er sich zu mir, „sie wissen schon, dass ich mich jeden Tag bei der Polente melden muss. Für mich wär's auch gut, einmal die Lokalitäten zu wechseln. Ich bin bekannt hier, wie ein bunter Hund."

Der Beamte im Revier sah erstaunt auf.

„Nanu, Herr Riedel, Ihnen langt det eene Mal woll nich?"

„Herr Obawachtmeesta, dieser Herr hier möchte auch Ihre werte Bekanntschaft machen und sich täglich bei Ihnen vorstellen."

Der Beamte nahm mir die Ausweis-Papiere vom Lager ab und trug meinen Namen in ein Register ein.

„Vergessen Sie nicht, sich wieder abzumelden, wenn Sie verziehen."

„Muss ich mich jeden Tag zu einer bestimmten Zeit bei Ihnen melden?"

„Kommen Sie während der Bürostunden, wie es Ihnen am besten passt", sagte er nicht unfreundlich. Das war alles.

Franz war vor mir gekommen und löffelte schon sein Leibgericht — Erbsen mit Speck.

„Heil Hitler!" empfing er mich und wischte sich den Mund.

„Servus Franz."

Er sah mich kopfschüttelnd an.

„Ich dachte, das hätten sie Dir wenigstens in all den Monaten beigebracht. Jetzt muss ich wieder ganz von vorne mit Dir anfangen. Setz Dich. Der deutsche Gruss heisst „Heil Hitler". Fragt Dich jemand nach der Zeit, so sagst Du: ‚Drei Minuten vor acht. Heil Hitler.' Bist Du in Uniform, so begleitest Du Deine Aussage mit wagerecht ausgestrecktem Arm, die Finger glatt aneinander gelegt. Bist Du in Zivil — das kommt bei einem SA-Mann nur im Bett, bei einem SS-Mann überhaupt nicht vor —, so schlägst Du den Arm möglichst weit nach hinten über die Schulter. Der kleine Finger stellt sich dabei etwas ab, so wie bei Frau Goebbels, wenn sie ihren Tütu im Arm hält."

„Halt's Maul", sagte ich lachend.

„Im übrigen", fuhr er in demselben Ton fort, „es ist unverantwortlich von mir, Dich hierher zu bestellen. Dieses Lokal liegt in der von unserem Verein gesperrten Zone. Es sind zuviele Freunde hier in dem Viertel verloren gegangen. Aber ich sage mir, wo bist Du am sichersten? Da, wo Deine Kollegen n i c h t herumwimmeln. Und deshalb gehe ich grundsätzlich immer in die Sperrmeile. Was ich Dir indessen nicht raten möchte, da Dein Gesicht polizeiwidrig dumm geworden ist."

Er betrachtete mich von unten bis oben.

„Hör mal, ich wusste ja, dass Du dämlich bist. Aber, dass Du solang um den Julius herumschnuppern würdest, weiss Gott, dass hätt' ich Dir nicht zugetraut. Der arme Kerl hat mir schon ganz schwermütige Briefe geschrieben, dass die Karola noch immer nichts von ihm wissen will, und er könne sie doch nicht gut vergewaltigen in Anbetracht der Verhältnisse. Und nachdem wir wochenlang an Dir herummassiert haben, wirst Du entlassen, und alles war umsonst."

Ich beruhigte ihn, dass ich für eine andere Verbindung gesorgt hätte.

Wir gingen, sprangen auf den Autobus auf, fuhren eine Weile, warteten an einer Haltestelle, bis die Passagiere aus- und eingestiegen waren und stiegen ab, als der Bus sich wieder in Bewegung setzte, sahen, dass niemand nach uns ausgestiegen war, nahmen ein Taxi bis zur nächsten U-Bahn, wiederholten dort dasselbe Manöver und gingen dann zu Fuss in eine mir unbekannte Wohnung.

„Hier sind wir", sagte Helling.

Ich gab Franz einen Bericht über das Lager und Namen und Wohnort vom Schieber. Er wollte sie haben, um sich in der Partei nach ihm zu erkundigen. Mit Stetten wollte er selber sprechen, er hielt es für unnötig, dass ich ihn in nächster Zeit sah. Wir verabredeten uns für den Tag nach Neujahr.

Am folgenden Abend hatte ich mit einem Vertreter der Bezirksleitung meine weitere Arbeit festzulegen. Wir kannten uns beide nicht. Er war vor kurzem erst aus Mitteldeutschland in den Bezirk Berlin-Brandenburg versetzt worden.

„Es hat natürlich zwei Seiten, wenn Du dieselbe Arbeit machst wie bevor. Wenn Du hochgehst, ist es doppelt mies für Dich. Aber Du bist eingearbeitet und wir haben im Augenblick niemand anderen."

Ich übernahm meine frühere Funktion und sah, dass Otto in den Monaten meiner Verhaftung ein gutes Stück vorwärts gekommen war. Allen Anzeichen nach hatten sich die Bedingungen der illegalen Arbeit seit dem Sommer wesentlich verbessert. Das bestätigten auch die Genossen, mit denen ich zusammen kam.

Die Geheime arbeitete zwar nicht mehr mit der plumpen Blindheit der ersten Monate, ihre Tätigkeit war systematischer geworden, aber dafür war eine andere Hauptgefahr zurückgegangen: die freiwillige Spitzeltätigkeit weiter Bevölkerungskreise. Die Ernüchterung nach dem Taumel der ersten Monate war erstaunlich gross.

Der grösste Fortschritt aber zeigte sich in der Partei. Die Genossen hatten gelernt, illegal zu arbeiten.

Die „Rote Fahne" erschien regelmässig, und auch auf Arbeiter, die uns bisher ferngestanden hatten, machte der Mut und die Aufopferung der Partei tiefen Eindruck.

Helling hatte über Neujahr Julius Stetten gesehen und die Möglichkeiten der Flucht mit ihm besprochen. Stetten wusste durch den Schieber schon Bescheid.

Nach eingeholten Berichten hatte die Partei beschlossen, des Schiebers Flucht zu unterstützen, da sein bevorstehender Prozess auch für andere Genossen den Tod bedeuten konnte. Ich sollte mich für Donnerstag Nacht bereit halten, mit einem Lieferwagen mitzufahren und dem Chauffeur die Ortsverhältnisse in der Hubertshofer Gegend zu zeigen. Donnerstag Abend um elf Uhr wartete ich in der Grossen Frankfurter Strasse. Einer der riesigen Güter-Fernverkehrswagen stoppte scharf an meiner Ecke, ein Mann stieg vom Motorwagen und setzte sich zu dem Bremser auf den Anhänger. Ich nahm seinen Platz ein. Der Chauffeur gab mir einen mit Schafspelz gefütterten Mantel, dessen Kragen mir bis über den Kopf ging. Er erklärte mir seine nächtliche Route, die er jeden Donnerstag zu fahren hatte. Um in der Nähe von Hubertshof vorbeizukommen, mussten wir einen Umweg von fünfundzwanzig Kilometer machen. Das könne er bis zum Morgen mit Leichtigkeit wieder aufholen, sagte er.

Die Strasse war schlecht, und ich flog bei dem scharfen Tempo des Wagens auf dem Sitz hin und her.

„Jetzt kriegen wir ja bald feine Autostrassen", meinte ich und sah ihn prüfend an.

„Nur zu", sagte er, „was jetzt gebaut wird, dafür braucht man später kein Geld mehr auszugeben."

Ich hätte gern gewusst, ob er Parteigenosse war, aber ich wollte nicht fragen. An einem Bahnübergang mussten wir warten. Die beiden Männer sprangen vom Anhänger herunter und riefen ihm zu:

„Was ist los, Maxe?"

„Heute nicht", rief er zurück.

Die beiden nahmen ohne ein weiteres Wort wieder ihre Plätze ein.

Die Fahrt ging weiter.

„Hier trinken wir gewöhnlich 'nen Korn zum Wärmen", erklärte mir der Fahrer.

Gegen drei Uhr morgens näherten wir uns Hubertshof. Wir kamen über die Chaussee, die ich so oft mit dem alten Kommando Deich II gegangen war. Im Licht der Scheinwerfer sah die Gegend sehr verändert aus. Ich zeigte dem Chauffeur, wo der Waldweg in die Hauptstrasse mündete. Etwa sechshundert Meter oberhalb trat der Kiefernforst bis an die Strasse heran und die Böschung war dicht bewachsen. Das war der Platz. „Nächsten Donnerstag", sagte ich. Er nickte. Wir sahen nach der Uhr. Es war sieben Minuten nach drei. Pünktlich um sechs in der Frühe trafen wir am Bestimmungsort der Güter ein. Der Lastwagen fuhr um sieben Uhr dieselbe Route zurück. Er musste gegen elf wieder an dem bezeichneten Platz vorbeikommen. Ich nahm den nächsten Zug nach Berlin und setzte Franz von allem in Kenntnis. Er sagte mir, dass ich mit drei sozialdemokratischen Arbeitern gefahren war.

Franz hatte einen Wagen aufgetrieben. Ich packte einen Koffer mit notwendigen Touristenartikeln, holte am Donnerstag Mittag den Wagen und parkte in einer Seitenstrasse des Alexanderplatzes, in der Nähe der Vorortbahn. Hans hatte sich in Kluft geworfen, und sah aus wie ein vollendeter Herrenfahrer. Es war ein Uhr. Vor zwei konnten sie kaum da sein. Wir setzten uns in ein Restaurant, durch dessen Fenster wir den Bahnausgang beobachten konnten, und bestellten Mittagessen. Ich hatte Hans den Schieber genau beschrieben, aber ich war selbst nicht sicher, ob ich ihn gleich erkennen würde. Der Teufel wusste, wie sie ihn auf dem Lastwagen kostümiert hatten. Alle paar Minuten stiessen die Züge einen Menschenhaufen aus und ich probierte, wieviel Gesichter ich erfassen konnte, wenn sich der Haufen durch den engen Ausgang drängte, bevor er auf der Strasse auseinander lief. Wir warteten bis zwei. Dann verliessen wir das Lokal, Hans sah nach dem Wagen, ich ging in einen Tabakladen und kaufte Zigaretten, um etwas zu tun, ein Auge immer auf den Bahnausgang.

Um halb drei kam Hans, blau gefroren, vom Wagen und wir tranken am Automaten eine Tasse Kaffee. Er sah nach dem Himmel.

„Es wird früh dunkel. Scheint Schnee zu geben."

Vielleicht hatten sie ihn schon, während wir hier auf ihn warteten. Vielleicht war es gleich im Wald schief gegangen. Es hatte keinen Zweck, sich vorzustellen, von wieviel Umständen es abhängig war. Wenn man damit anfing, stand hundert gegen eins, dass es daneben gehen m u s s t e. Wenn er nur nicht auf einer anderen Station ausstieg und jetzt irgendwo auf uns wartete. Vielleicht war der Lastwagen zurück. Dann wüsste man wenigstens, ob sie ihn mitgebracht hatten. Sollte ich Hans zu Helling schicken? Da kam er. Mit einem Hut statt der alten Mütze. Die eingefallenen Wangen von der Kälte gerötet. In einer halben Stunde waren wir ausserhalb Berlins.

Sowie es dunkel geworden war, zog sich der Schieber im Wagen von Kopf bis Fuss um. Gegen acht Uhr abends hielten wir in einem Winterkurort, etwa fünfzig Kilometer von der Grenze. Wir wollten nicht weiterfahren, da wir erst am anderen Mittag auf der Baude erwartet wurden. Hans, der eleganteste von uns, fuhr mit dem Auto vor einem Hotel vor, der Schieber und ich logierten in einer bescheidenen Touristenbleibe. Wir trugen uns ein als Wilhelm und Rudolf Ehrhardt, Kaufleute, aus Breslau, hier zum Wintersport und liessen uns das Abendbrot aufs Zimmer kommen. Der Schieber rührte kaum etwas an.

„Es geht mir gegen die Natur, es kommt mir vor wie Fahnenflucht."

„Du gehst doch nicht für lange. Iss etwas."

„Ich kann nicht. Die drei auf dem Lastwagen haben alles, was sie hatten, in mich hineingestopft."

„Haben sie Dich gleich gefunden?"

„Es ging wie auf die Minute. Sie brauchten nicht einmal anzuhalten. Ich sprang auf."

„Und die Posten?"

„Hinter mir blieb alles still. Vielleicht haben Sie's erst am Abend gemerkt."

Am nächsten Morgen waren wir früh auf und gingen zu Fuss, die Rucksäcke auf dem Rücken, über den Kamm nach A. Im ersten Wirtshaus warteten wir auf Hans. Um elf Uhr waren wir in F., vier Kilometer von der Grenze. Hans stellte den Wagen in einer Hotel-Garage unter, wir assen im Hotel zu Mittag und machten uns dann auf den Weg zur Baude, die oben in den Bergen, hart an der Grenze stand.

Ein gutes Dutzend Wintergäste waren oben. Es herrschte der fröhliche, kameradschaftliche Ton einer grossen zusammengewürfelten Familie.

Einer der Männer trug den linken Arm in der Binde. Er hatte ihn sich beim Ski-Fahren verstaucht, wie er mir in dem Dialekt der Gegend erzählte. Hinter der Baude sei wunderbares Ski-Gelände, langgezogene Abhänge. In einer halben Stunde sei man in R. Ob ich schon einmal dort gewesen sei. „Nein", sagte ich, „mein Bekannter wollte gern einmal hinunter. Aber er fährt nicht Ski."

„Dann gehen wir zu Fuss", sagte der Mann. „Kennen Sie Karl und Rosa?"

Am Nachmittag brachen die beiden auf.

Des Schiebers Gesicht zuckte.

„Auf Wiedersehen, Karl Auf Wiedersehen, Hans. Lange bleib ich nicht, das sage ich Euch gleich."

„Mach's gut. Sollen wir Schinderknecht noch einen Gruss von Dir bestellen?", fragte Hans.

„Der hat mich nicht zum letzten Mal gesehen! Und die anderen auch nicht!"

Als er zwanzig Schritt weg war, wandte er sich um und grüsste mit der geballten Faust.

Wir sahen den beiden nach, wie sie langsam bergabwärts gingen. In der klaren Kälte waren ihre Gestalten noch lange zu sehen.

VERZEICHNIS DER ABKÜRZUNGEN

Antifa —	Bezeichnung des antifaschistischen Kampfbundes
Gestapo —	Geheime Staatspolizei
KPD —	Kommunistische Partei Deutschlands
Kommune —	ursprünglich verächtlich gemeinte Bezeichnung für die Kommunisten
Kozis —	verächtlich gemeinte Bezeichnung für die Kommunisten von den Sozialdemokraten häufig angewendet
NSDAP —	Nationalsozialistische Deutsche Arbeiterpartei
PG —	Parteigenosse, Anrede der nationalsozialistischen Parteimitglieder untereinander
Pol-Leiter —	politischer Leiter einer organisatorischen Einheit bei den Kommunisten
RFB —	Roter Frontkämpfer Bund, die ehemalige Wehrorganisation der revolutionären deutschen Arbeiter
RGO —	Revolutionäre Gewerkschafts-Opposition
SA —	Sturmabteilungen
SS —	Schutzstaffeln
SPD —	Sozialdemokratische Partei Deutschlands
08 —	Bezeichnung für den Karabiner Modell 1908